Practicum in Childcare & Education

보육실습

서영숙 · 천혜정 · 윤매자 공저

머리말

보육실습은 보육교사가 되는 준비 교육과정을 거쳐 온 학생들이 실제 보육현장과 만나는 과정입니다. 그전까지는 대학교재나 인터넷 자료 등을 통해 공부해 오던 현장을 직접 경험하면서 아동발달을 다시 공부하게 되고, 또 아동의 발달정도에 맞는 보육이 무엇인지를 체험할 수 있는 과정입니다.

보육실습 과목 운영은 실제 한 달간(180시간)의 보육실습을 하는 것으로 끝내는 대학이 있는가 하면, 보육실습 준비교육과 실습 그리고 실습 후 평가의 과정을 거치는 대학도 있습니다. 아무리 다른 전공수업을 통해 보육실습을 위한 준비가 되었다고 하더라도 실제 보육실습을 앞두고 있는 학생들에게 적절한 실습 사전교육이 필요하며, 또 실습 후의 평가과정을 통해 보육실습의 가치와 효용성을 높여야 할 것입니다. 이 책은 보육실습 과목의 전반적인 운영을 위한 교재로 개발되었습니다.

그동안 보육실습 과목을 지도하면서 느낀 것은 짧은 시간에 보육현장을 이해하고 보육실습을 준비하는 데 도움이 되는 구체적이면서도 핵심적인 내용을 담은 교재가 필요하다는 것이었습니다. 무엇보다 간결하면서도 흥미가 느껴지는 삽화나 사진자료가 풍부한 교재가 있었으면 했습니다. 지금의 대학생들은 영상세대로 짧은 문장을 선호하고 그림 한 컷으로 많은 메시지를 받을 수 있는 이미지 세대이기 때문입니다. 선배 실습생들이 겪은 경험담을 전달해 줌으로써 보육현장을 생생하게 상상할 수 있도록 해 주고 싶었습니다. 이 책은 바로 이런 요구를 염두에 두고 만들었습니다.

이 책은 크게 세 부분으로 구성되어 있습니다. 보육실습 준비과정에 대한 부분과 보육실습의 실제, 그리고 성공적인 보육실습을 위한 다양한 아이디어를 담은 부분이 주요 내용입니다. 그리고 부록을 통해 보육실습에 필요한 자료를 실었습니다. 저자들은 각각 보육실습 과목담당교수로서의 경험을 가지고 이 책을 공동 집필하게 되었습니다. 서영숙은 책의 전반적인 내용을 조직하고 집필하는 역할을 하였으며, 천혜정은 현장자료를, 그리고 윤매자는 일본에서 발행된 보육실습 관련 자료를 챙기는 역할을 하였습니다.

부디 이 책이 보육실습을 나가는 학생들과 보육실습 과목 담당교수에게 실질적인 도움이 되어 처음부터 잘 준비된 실습생으로서 출발하며, 자신을 가지고 실습을 할 수 있도록 이끄는 책이 되기를 바랍니다. 책의 내용에 맞는 삽화와 사진을 제공해 준 숙명여자대학교 아동복지학과 학부 및 대학원생들, 사례를 제공해 준 숭의여자대학 유아교육과 학생들 그리고 사진의 주인공이 된 모든 어린이들에게 감사의 마음을 올립니다.

2006년 7월

저자 대표 서영숙

차례

제1장 보육실습의 기초 … 11

1. 보육과 보육실습 / 13
   1) 보육의 본질 / 13
   2) 보육실습의 의의 / 13

2. 보육교사의 자격과 역할 / 15
   1) 보육교사의 법적 자격기준 / 15
   2) 보육시설 종사자 배치기준 / 16
   3) 보육교사의 업무와 일과 / 17
      (1) 영유아의 보육 / 17
      (2) 건강관리 / 17
      (3) 보호자와의 상담 / 17
      (4) 보육시설 관리와 운영 / 17
      (5) 보육평가 / 18
      (6) 기타 영유아보육에 필요한 사항 / 18
   4) 보육교사의 역할 / 20
      (1) 양육자로서의 역할 / 20
      (2) 교수자로서의 역할 / 21
      (3) 상호작용자로서의 역할 / 22
      (4) 의사 결정자, 문제 해결자로서의 역할 / 22
      (5) 지역사회 연계 및 부모교육 담당자로서의 역할 / 23

(6) 평가자로서의 역할 / 24
5) 보육교사의 자질과 전문성 / 24

3. 보육시설의 종류와 운영시간 / 26
1) 보육시설의 종류 / 26
2) 보육대상 및 보육시간 / 27
(1) 보육대상 / 27
(2) 보육시간 / 27

4. 보육의 내용 / 27
1) 주요 보육내용 / 28
(1) 보호 및 교육 / 28
(2) 영양 / 28
(3) 건강 / 29
(4) 안전 / 29
2) 표준보육과정에서의 보육내용 / 30
(1) 표준보육과정의 목표 / 30
(2) 표준보육과정의 영역별 목표 및 내용 / 30
3) 아동의 연령별 보육내용 / 37
(1) 만 2세 미만의 영아보육 / 37
(2) 만 3세 보육 / 41
(3) 만 4~5세 보육 / 44
(4) 장애 영유아 통합보육 / 47
(5) 방과 후 보육 / 50

제2장 보육실습의 실제 … 53

1. 보육실습 전개과정 / 55

2. 보육실습 준비 / 56
1) 실습생의 준비 / 56
(1) 실습생의 마음가짐 / 56
(2) 실습생의 용모 / 60
(3) 근무시간에 지켜야 할 사항 / 61
(4) 실습기관이 정해지면 해야 할 일 / 61
2) 대학에서의 준비 / 63
(1) 보육실습 계획과 시기 결정 / 63

(2) 실습기관 선정 / 64
(3) 실습지 배정 / 65
(4) 서류작성 및 발송 / 66
(5) 실습생 오리엔테이션 / 66
(6) 실습기관과 사전협력 / 67
(7) 지도교수의 실습기관 방문 / 68
3) 실습기관의 준비 / 69
(1) 실습지도 자료 준비 및 계획 준비 / 69
(2) 실습에 대한 시설장의 역할 / 70
(3) 실습지도교사의 역할 / 71

3. **보육실습 실제** / 76
1) 관찰실습 / 76
(1) 관찰실습의 의의 및 내용 / 76
(2) 관찰실습의 포인트 / 77
2) 참여실습 / 86
3) 수업실습 / 87
(1) 부분수업 / 87
(2) 연결수업 / 89
(3) 반나절 또는 종일수업 / 89
(4) 보육실습 마무리 / 96

4. **보육실습 평가** / 97
1) 실습평가의 의미와 목적 / 97
2) 실습평가의 내용 / 97
3) 실습평가방법 / 98
(1) 보육실습과정 종합평가 / 98
(2) 실습생의 자기평가 / 98
(3) 추후 실습평가 / 104
(4) 실습생의 자기평가 시 유의점 / 104

제3장 보육실습을 위한 아이디어 … 111

1. 영유아와 친숙해지는 자기소개법 / 113

2. 간단한 손유희 / 114

3. 좋은 그림책 선택하기 / 119
 (1) 좋은 동화책 고르기 / 119
 (2) 연령에 적합한 동화책 / 120
 (3) 인기 있는 동화책 / 123

4. 실습일지 잘 쓰기 / 125
 (1) 간단 기록용 준비물 / 126
 (2) 영역별 관찰 시 주의점 / 127
 (3) 상호작용 중 적어야 할 부분 / 127
 (4) 견학, 특별한 활동 시 기록할 내용 / 127
 (5) 실습일지에 꼭 적어야 하는 점 / 127
 (6) 실습일지를 쓸 때의 마음가짐 / 128
 (7) 일지의 워드 작업 128
 (8) 지도교사가 실습생에게 해 주고 싶은 말 / 128

5. 피로를 회복하는 체조 / 130

6. 실습보육교사의 갈등 해결하기 / 132
 1) 실습보육교사의 갈등 / 132
 (1) 실습보육교사 자신의 갈등 / 133
 (2) 유아들과의 갈등 / 134
 (3) 지도교사와의 갈등 / 135
 (4) 기관과의 갈등 / 135
 2) 실습보육교사의 갈등 해결하기 / 136

7. 좀 곤란해! 이럴 때 어떻게 할까? / 137
 (1) 영유아들이 실습생을 무시할 때 / 137
 (2) 실습생이 학급의 규칙에 대해서 잘 모를 때 / 137
 (3) 교실 물건이 파손, 유기되었을 경우 / 138
 (4) 위험한 상황인 경우 / 138

(5) 유아들이 서로 상처내고 싸웠을 때 / 139
(6) 남은 간식을 한 유아에게 주었는데… / 139
(7) 담임선생님께서 실습생에게 교실을 맡기고 잠시 나갔을 때 / 139

8. 실습기관에 감사편지 쓰기 / 140
(1) 우편으로 한다 / 140
(2) 개별적으로 보낸다 / 140
(3) 실습 후, 10일 이내에 도착하도록 한다 / 140
(4) 문장은 짧고 알기 쉽게, 경어를 사용해서 쓴다 / 141
(5) 실습기관에서 배웠던 일과 감동한 것을 중심으로 쓰고 비판은 피한다 / 141

9. 실습경험 확장 아이디어 / 141
(1) 실습일지를 고치고 잘 정리해서 일람표를 만들어 보자 / 141
(2) 실습평가에서 이야기하세요 / 141
(3) 개별지도를 받아서 앞으로 학습과제를 명확하게 한다 / 142
(4) 아르바이트를 한다 / 142
(5) 봉사활동을 한다 / 142
(6) 교구제작 공모전에 참여한다 / 142
(7) 교구를 이용하여 친목 도모를 한다 / 143
(8) 타 대학 실습생과 연계한다 / 143
(9) 창업 아이템으로 승부를 건다 / 144
(10) 사후실습을 한다 / 144

■ 부록 / 145
1. 관련서식 / 147 2. 관련법규 / 176
3. 실습지도 자료 / 182

■ 참고문헌 / 205
■ 찾아보기 / 207

제1장 보육실습의 기초

1. 보육과 보육실습
2. 보육교사의 자격과 역할
3. 보육시설의 종류와 운영시간
4. 보육의 내용

1. 보육과 보육실습

1) 보육의 본질

성공적인 보육실습을 위해서는 보육과 보육실습의 의미에 대한 이해가 있어야 한다. 우리나라의 영유아보육법 제2조 2항에서는 보육을 '영유아를 건강하고 안전하게 보호 · 양육하고 영유아의 발달특성에 적합한 교육을 제공하는 사회복지서비스'로 규정하였다.

즉, 보육은 아동을 안전하고 건강하게 보호하며, 아동의 발달에 적합한 교육적 경험을 제공하고 불리한 환경에 처한 아동 및 가족에게 상담을 비롯한 복지적 서비스를 제공함으로써 아동의 건강한 발달과 가족과 지역사회의 주민복지에 기여하며, 기업에게는 노동력을 확보하는 기회를 증대시키고 국가적으로는 미래 인적자원을 확보하는 데 기여하는 것이다.

2) 보육실습의 의의

보육실습은 보육현장을 실제적으로 직접 경험하게 하여 보육활동의 이론과 실제의 연계 과정을 이해하는 과정이다. 영유아를 대상으로 직접적인 상호작용 경험을 하는 실천적 성격이 강하기 때문에 현장 실무교육으로서 그 중요성이 크다.

특히 보육은 성인과 같은 목소리로 자신을 보호하거나 자기권리를 주장할 수 없는 영유아를 대상으로 하기 때문에 예비 보육교사는 영유아의 발달을 이해하고 발달에 적합한 보육을 행할 수 있도록 구체적인 현장지도를 받는 보육실습 경험이 필수적이다.

일반적으로 실습은 사전실습, 정규실습, 추후실습으로 분류되어 실시 · 운영될 수 있다. 사전실습은 정규실습 이전에 현장경험을 하는 과정을 말한다. 주로 관찰이나 교수활동의 보조, 환경 구성의 보조, 자유선택 시간의 놀이지도, 소집단활동 진행 등을 경험한다. 정규실습은 교사자격을 습득하기 위한 필수과정으로 현장에서 교사로서 직무수행을 전체적으로 경험해 보는 과정이다. 추후실습은 정규실습 이후에 갖는

현장경험이다. 정기적으로 현장에서 보조교사의 역할을 수행하거나 부분적으로 수업을 진행하면서 정규실습 과정을 심화시키거나 내용을 추가하는 보완적 성격을 갖는다. 보통 사전실습이나 추후실습은 수업이 없는 날이나 방학을 이용하는 경우가 많다(윤기영 외, 1997).

교사의 질은 교사가 받은 교사양성교육의 질을 크게 벗어날 수 없다. 특히 예비교사 교육과정 가운데 실습과목은 현장에 대한 생생한 경험 때문에 교직에 대한 인식과 태도형성 및 교사로서의 필요한 지식 획득 과정에 직접적인 영향을 미친다. 즉, 실습경험의 수준이 어떠한 교사가 되느냐에 큰 영향을 준다. 보육현장에서 지도교사의 지도를 받으면서 현장을 경험해 보는 보육실습은 예비 보육교사들이 학교에서 배우는 보육이론을 실제로 현장교육에 직접 적용해 보는 기회일 뿐 아니라 예비 보육교사로서의 자기평가 기회를 제공하여 바람직한 보육교사상을 정립할 수 있는 시기이므로 실습지도교수는 실습에 따른 사전교육, 실습의 시기 및 기간, 기관선정, 지도교사의 자질 및 지도 방법, 객관성 있는 실습평가, 사후교육 등에 대한 치밀한 계획을 세우고 조직적으로 운영해야 한다.

이러한 보육실습의 의의를 정리하면 다음과 같다.

- 보육교사로서의 필요한 전문적인 지식과 내용을 체험한다.
- 영유아에 대한 이해를 깊게 하며, 발달에 적합한 보육방법을 익힌다.
- 보육시설의 환경구성에 대하여 안다.
- 보육교사로서 사명을 자각하여 그 자질을 높인다.
- 보육시설 내의 종사자들과의 역동적인 인간관계를 체험함으로써 인간관계의 중요성을 인식한다.
- 보육시설의 운영에 필요한 관리기술을 관찰하고, 배우는 기회를 가진다.
- 보육시설과 부모, 지역사회와의 연계에 대한 이해를 높이는 기회를 가진다.
- 예비 보육교사로서의 자신을 평가해 보는 기회를 가진다.
- 문제해결 능력을 키운다.

2. 보육교사의 자격과 역할

1) 보육교사의 법적 자격기준

영유아보육법 시행령 제21조 [별표 1]에서는 보육교사의 등급별 자격기준을 다음과 같이 규정하고 있다.

<표 1-1> 보육교사 등급별 자격기준(영유아보육법 시행령 제21조 [별표 1])

등 급	자 격 기 준
보육교사 1급	1. 보육교사 2급 자격을 취득한 이후 3년 이상의 보육업무 경력과 여성부장관이 정하는 승급교육을 받은 자 2. 보육교사 2급 자격과 보육관련 대학원에서 석사학위를 취득한 자로서 1년 이상 보육업무 경력과 여성부장관이 정하는 승급교육을 받은 자
보육교사 2급	1. 전문대학 또는 이와 동등 이상의 학교에서 여성부령이 정하는 보육관련 교과목 및 학점을 이수하고 졸업한 자 2. 보육교사 3급 자격을 취득한 이후 1년 이상의 보육업무 경력과 여성가족부장관이 정하는 승급교육을 받은 자
보육교사 3급	고등학교 또는 이와 동등 이상의 학교를 졸업한 자로서 여성가족부령이 정하는 교육훈련시설에서 소정의 교육과정을 수료한 자

* 비고: 1. '보육 등 아동복지업무 경력' 이라 함은 다음의 어느 하나에 해당하는 경력을 말한다.
  가. 「영유아보육법」에 의한 보육시설 또는 보육정보센터에 근무한 경력
  나. 「유아교육법」에 의한 유치원에서 근무한 경력
  다. 「아동복지법」에 의한 아동복지시설에서 근무한 경력
  라. 「장애인복지법」의 규정에 의한 장애 영유아 생활시설에서 장애 아동과 관련된 업무에 종사한 경력
  마. 「유아교육법」 및 「초 · 중등교육법」에 의한 특수학교(유치원 및 초등학교 과정)에서 특수학교교원으로 근무한 경력
  바. 법률 제7120호 유아교육법으로 폐지되기 전 「유아교육진흥법」에 의한 새마을 유아원에 근무한 경력
  사. 위의 가~바의 아동복지업무를 수행하는 시설 등에서 간호사로 근무한 경력
  아. 국가 또는 지방자치단체에서 7급 이상의 공무원으로 보육 등 아동복지에 관한 행정 업무에 근무한 경력
 2. '보육업무 경력' 이라 함은 다음의 어느 하나에 해당하는 경력을 말한다.

가. 「영유아보육법」에 의한 보육시설 및 보육정보센터에서 근무한 경력
나. 「유아교육법」에 의한 종일제 유치원에서 원장, 원감, 교사로 근무한 경력

3. '아동간호업무 경력'이라 함은 병원 소아과나 신생아실, 보건소 모자보건센터, 초등학교 보건실 등에서 근무한 경력을 말한다.

2) 보육시설 종사자 배치기준

영유아보육법 시행규칙 제10조 [별표 2]에서는 보육시설 종사자 배치기준을 다음과 같이 규정하고 있다.

<표 1-2> 종사자 배치기준(영유아보육법 시행규칙 제10조 [별표 2])

구 분	배치기준	자격기준	비 고
시설장	모든 보육시설(다만, 영유아 20인 미만을 보육하는 가정보육시설의 경우에는 보육교사가 시설장 겸임 가능)	영유아보육법 시행령 [별표 1]	
보육교사	만 1세 미만: 영아 3인당 1인 만 1세 이상 만 2세 미만: 영아 5인당 1인 만 2세 이상 만 3세 미만: 영아 7인당 1인 만 3세 이상 만 4세 미만: 유아 15인당 1인 만 4세 이상 미취학 유아: 유아 20인당 1인 (보육교사 1급 자격: 유아 40인당 1인) 취학아동: 20인당 1인 장애 아동: 3인당 1인(장애아 9인당 보육교사 1인은 특수교사 자격소지자)	(상동)	
간호사[1]	영유아 100인 이상을 보육하는 시설	(상동)	
영양사[2]	영유아 100인 이상을 보육하는 시설	(상동)	
취사부[3]	영유아 40인 이상을 보육하는 시설	(상동)	

* 주: 1) 간호조무사도 가능하다.
  2) 동일시 · 군 · 구 보육시설의 경우에는 5개 이내 보육시설이 공동으로 영양사를 둘 수 있다.
  3) 영유아 60인 이상 초과할 때마다 1인씩 증원하여야 한다.
  4) 시설장은 시설의 규모에 따라 의사(또는 촉탁의사), 사무원, 관리인, 운전기사 등의 종사자를 둘 수 있으며, 시설장 또는 보육교사 등이 간호사(간호조무사) 또는 영양사 자격이 있는 경우에는 겸직이 가능하다.

3) 보육교사의 업무와 일과

교사란 통찰력과 지식을 가지고 유아를 가르치고, 지도하는 사람이다. 또 교사는 상담하고, 조언해 주고, 지원하고 격려하고, 평가하며 존중한다. 교사의 질이 영유아의 삶에 얼마나 중요한가 하는 것은 언제나 강조되고 있다. 특히 보육교사는 영유아의 보육과 교육을 담당하는 핵심적인 존재다.

영유아보육법 제2조 5항에서는 '보육시설 종사자라 함은 보육시설에서 영유아의 보육, 건강관리 및 보호자와의 상담 그 밖에 보육시설의 관리 · 운영 등의 업무를 담당하는 자로서 보육시설의 장 및 보육교사와 그 밖의 종사자를 말한다.' 고 규정하고 있다. 이 규정을 중심으로 보육교사의 업무를 요약하면 다음과 같다.

(1) 영유아의 보육

- 영유아 보육과정의 계획과 실시
- 비품, 교구, 학습자료의 준비, 점검 및 활용
- 실내 · 외 학습환경의 조성과 활용

(2) 건강관리

- 영유아의 신체적 · 심리적 안전과 보호
- 영유아의 영양, 건강관리
- 영유아들과의 친밀한 인간관계를 통한 생활지도

(3) 보호자와의 상담

- 보호자 상담
- 보호자 참여 지원
- 보호자 교육 및 정보 제공

(4) 보육시설 관리와 운영

- 보육시설 청소 및 환경 정비
- 지역사회 연계와 자원 활용

- 보육시설운영위원회 준비와 참여

(5) 보육평가

- 영유아 발달 평가
- 교사평가
- 보육프로그램 평가
- 보육시설 평가
- 보육시설 평가인증제 참여

(6) 기타 영유아보육에 필요한 사항

<표 1-3>은 보육시설에서의 하루일과를 통해 보육교사가 하는 업무를 정리한 것이다.

<표 1-3> 하루일과에서 보육교사의 역할

구분	일과
등원 전	• 영유아들이 오기 전에 교실을 둘러보고 점검하기 • 수업계획에 따라 교재교구를 정비하는 등 수업준비하기 • 화장실 청결상태를 살피고, 수건을 새로 걸어놓기
등원 및 맞이하기	• 현관, 통합보육놀이실에서 일찍 온 영유아를 반갑게 맞이하기 • 부모와 간단한 대화를 나누고 영유아의 그날 상태(기분, 건강)를 확인하기 • 영유아들이 조용한 음악을 들으며 그림책 보기, 조작놀이 등 조용한 개별활동을 하도록 돕기 • 현관에 일일보고서를 비치하여 부모들이 등원 전 영유아의 상태와 전달사항을 기록하도록 하기 • 전체 교실환경을 점검(교실환기, 정리정돈, 안전점검)하고 그날 활동 자료를 준비해 놓은 상태에서 영유아들을 맞이하기 • 통합보육놀이실에서 영유아들과 함께 놀잇감을 정리하고 각 놀이실로 이동하기
오전 실내 자유놀이	• 각 흥미영역에서 계획된 활동이나 유아의 자발적인 자유놀이 진행하기(상호작용, 언어적 자극, 놀이개입) • 같은 놀잇감을 충분히 준비하여 분쟁을 막고, 효과적인 놀이환경 마련하기 • 유아를 관찰하여 개인적 특성을 파악, 개인에게 적절한 방법으로 상호작용하기

<계속>

전이	• 정리정돈 시간 5분 전에 미리 예고하고, 놀잇감을 정리하도록 하기 정리정돈이 즐거운 활동이 되도록 분위기를 이끌기. 화장실 다녀오기
실외 자유놀이	• 비오는 날, 너무 추운 날을 제외하고 가능한 실외 자유놀이하기 • 실외환경의 안전점검에 유의하여 안전사고를 예방하기 • 실외놀이는 실내놀이와 동일하게 미리 계획하고 자료를 준비하여 적극적으로 상호작용하고 놀이를 촉진하기 • 신체영역, 물 · 모래놀이영역, 탐구영역에서 활동이 고르게 일어나도록 돕기
집단활동	• 유아의 주의집중이 쉽고 교사가 전체 유아를 볼 수 있는 영역에서 실시하기 • 게임, 이야기 나누기, 동화 및 언어활동, 음률활동 등 다양한 활동을 계획, 실시하기 • 교사가 일방적으로 주도하기보다 유아의 생각을 묻고, 유아의 반응에 따라 적절하게 활동을 전개하기 • 유아가 집중할 수 있는 시간을 고려하여 너무 지루하지 않도록 하며, 집단에 모이기 힘든 유아는 서서히 집단에 참여하도록 하기
간식 및 점심	• 유아들이 감사하는 마음으로 즐겁게 식사할 수 있게 분위기 이끌기 • 식사시간을 통해 영양교육, 바람직한 식습관 형성, 기본생활습관 훈련이 이루어지도록 하기(스스로 먹기, 음식 골고루 먹기, 바른 자세로 먹기, 음식과 건강에 대한 이야기 나누기) • 식사속도가 다를 수 있으므로 2명의 교사가 적절히 유아를 나누어 돌보기 • 학기 초에는 2명의 교사 중 1명이 먼저 식사를 마치고 유아를 도울 수 있다.
낮잠	• 놀이실의 조용하고 넓은 영역을 택해 잠자리 준비하기(간단한 청소, 이부자리, 적당한 밝기와 조용한 음악) • 양치질, 손 씻기가 끝나면 각자 자기 자리에 누워 조용히 휴식하거나 낮잠자기 • 낮잠 자기를 힘들어하는 유아는 너무 강요하지 말고, 조용히 쉬도록 하기 • 영유아들이 완전히 잠든 다음 교사는 관찰일지, 일일보고서, 자료준비 등을 할 수 있다.
오후 실내 자유놀이	• 오전활동을 연장하거나, 확장하도록 돕기 • 유아들이 선택활동을 충분히 즐길 수 있도록 교구와 자료를 제공하고 적절히 개입하기

<계속>

개별활동 및 귀가준비	• 실내에서 조용하고 개별적인 활동이 이루어지도록 지도하기 • 귀가 준비(소지품, 옷차림, 머리를 단정히)하기 • 일일보고서를 현관에 비치하기 • 부모와 영유아의 당일 활동에 관해 간단히 대화를 나누고 인사하기 • 당직교사에게 남아 있는 영유아들을 인도하고 전달사항 알리기
원아 하원 후	• 하루를 정리하고 다음 날 수업 및 활동을 준비하기 • 일지, 영유아관찰기록, 작품정리 등 각종 파일을 정리하기 • 교실청소하기 • 교구제작하기 • 어린이집 전체의 문단속, 소등상태를 점검한 후 퇴근하기

* 출처: 서울시(2005). 보육시설의 설치와 운영, pp. 98-99 참조.

4) 보육교사의 역할

보육교사의 업무를 중심으로 보육시설에서의 바람직한 보육교사의 역할과 이와 관련하여 예비 보육교사가 실습경험을 통해 이야기하는 보육교사의 역할에 대해 설명하면 다음과 같다.

(1) 양육자로서의 역할

보육시설에서는 보육교사가 부모와 같이 영유아의 기본적인 생리적 욕구에서 정서적 안정에 이르기까지 다양한 양육적 역할을 수행한다. 영유아의 건강을 돌보고 안전을 지켜 주며, 영유아가 배고파하거나, 아프거나 불편을 느낄 때 이를 빨리 감지하고 적절히 해결해 주어야 한다. 그러므로 따뜻한 사랑으로 영유아의 보호와 양육을 위한 정서적 지원을 해 주어 영유아가 가정과 같은 분위기를 느낄 수 있도록 해야 한다.

실습을 통해 보육교사로서 선행되어야 할 조건은 아이들을 사랑으로 대하고, 따뜻하게 대해 주는 것이라 생각이 들었다. 보육교사가 아이들과 함께 보내는 시간은 부모와 함께 지내는 시간과 거의 비슷하다. 오히려 어린이집의 경우 부모와 보내는 시간 이상으로 보육교사와 지내는 시간이 많을 수 있다. 그러므로 어느 누구보다도 보육교사는 아이들을 따뜻하게 대해야 한다. 어린이집은 단순히 보호만 하는 기관이 아니라 또 아이들의 집이기 때문이다. 그러므로 집은 편안하고 따뜻해야 한다. 어린이집의 모든 아이들이 행복했으면 좋겠다.

○○○실습생

어린이집은 아이들의 삶의 장소다. 아침부터 저녁까지 종일 놀이하고 먹고 자면서 집에서와 같은 생활의 연속이었다. 그래서 어린이집은 위생과 안전에 철저하였으며 아이들과 친숙해지는 시간에서 정을 나누는 깊이가 다른 것 같았다. 따라서 어린이집에서는 교사가 엄마와 선생님의 역할을 적절히 절충해야 한다고 생각한다. 엄마의 역할은 따뜻하게 아이를 보듬어 주고, 아이의 기분을 살피고 정서적으로 지원해야 한다. 엄마의 역할은 쉽지 않겠지만 노력이라도 해야 한다고 생각한다.

○○○실습생

(2) 교수자로서의 역할

보육교사는 영유아를 지도할 때, 영유아의 발달, 흥미를 고려하여 신체적, 정서적, 사회적, 인지적으로 적절하고 안정되게 보육할 수 있도록 프로그램을 구성하고 이를 운영한다. 또한 영유아들의 지적 호기심을 자극할 수 있는 풍부하고도 다양한 환경을 마련하여 개방적인 질문과 적절한 중재자의 역할을 감당하면서 창의적인 학습활동이 될 수 있도록 도와야 한다.

보육은 돌봄, 단순히 영유아를 돌보는 것이라는 생각을 했다. 그러나 어렸을 때 교육은 영유아들의 발달에 많은 영향을 미치기 때문에 보육은 영유아들에게 있어서 더욱 중요하다. 영유아들은 뭐든지 흡수를 잘하고, 모방하기 때문에 보육에서의 경험은 영유아의 여러 발달 측면을 고려한 교육환경이며 단순한 돌봐줌이 아닌 교육 그 자체다.

○○○실습생

(3) 상호작용자로서의 역할

보육교사는 하루일과에서 영유아들이 자신의 생각과 느낌을 언어나 행동으로 표현할 수 있도록 적절히 반응해 주어야 하며 이에 영유아들이 자신의 생각과 느낌이 존중받고 수용되고 있음을 느끼도록 해야 한다. 이를 통해 영유아는 보육교사, 다른 영유아, 교구 및 환경과의 끊임없는 상호작용을 통하여 당면하는 문제를 해결하게 된다. 따라서 보육교사는 영유아의 안내자이자 도움을 주는 자로서, 영유아가 보육교사에 대해 신뢰감을 가질 수 있도록 영유아와 상호작용을 해야 한다.

실습을 통해 교사의 상호작용의 의미를 새롭게 알게 되었다. 다양한 대상, 다양한 상황, 다양한 개인차 각각에 적합한 상호작용을 한다는 것이 어렵지만 기본은 있다는 사실을 알게 되었다. 그것은 관찰을 통해 영아들의 놀이를 파악하고 교사의 개입의 필요성을 결정하는 것이다. 필요한 경우 어떠한 방법으로 어떠한 상호작용으로 개입할 것까지 생각한 후 개입을 실행하면 된다는 사실이다. 매순간 의사결정을 내려야 하는 교사에겐 어려움이 많지만 꾸준한 노력과 연습을 통하면 가능해진다는 사실도 알게 되었다.

○○○실습생

특히 영아들과 보육교사와의 상호작용은 언어적인 상호작용보다는 영아와 눈 맞춤으로, 웃음으로, 안아 줌으로써 상호작용하는 것이 무엇보다 중요한 것 같다. 영아기의 보육은 무엇보다도 따뜻함이 있는 환경에서 그들을 인정하는 것이 상호작용의 시작인 것 같다.

○○○실습생

(4) 의사 결정자, 문제 해결자로서의 역할

보육교사는 유아를 지도하는 과정과 혹은 여러 가지 상황에서 결정을 내리고 책임을 져야 하는 상황이 끊임없이 일어난다. 비록 사전에 계획된 활동이나 계획이라고 하더라도 상황에 따라 즉각적으로 의사결정을 내려야 한다. 그러므로 보육교사는 풍부한 현장 경험을 통해 보육 프로그램의 활동이나 영유아들의 요구에도 적절한 의사결정을 내릴 수 있어야 한다.

유아들이 동극을 해 보는 날이다. 모두 내용을 잘 알고 어떤 유아들은 대사까지 기억하고 있어 동극을 하는 데 별다른 어려움 없이 진행할 수 있었다. 동극을 시작하기 전 자기가 맡은 배역을 소개할 때 쑥스러워 인사를 하지 못하는 유아들이 있었다. 이때 교사의 역할을 생각해 보았다. 동극이 원활하게 진행을 할 수 있도록 어떤 도움을 줘야 하는지, 교사가 소개해 주는 것이 나을지 … 담임선생님께서는 이때 적극적인 유아들에게 기회를 먼저 주어 내성적이고 소극적인 유아들에게 먼저 소개되는 부담을 줄여 주는 것도 하나의 방법이라고 했다.

○○○실습생

(5) 지역사회 연계 및 부모교육 담당자로서의 역할

보육이 지역사회와의 교류할 필요성이 강조되는 이유는 그 시설이 본래 지역사회 주민의 복지 요구에 기초하여 설치, 운영되는 것이 바람직하기 때문이며, 보육시설에 있어서도 지역사회의 자원을 활용해야 할 부분이 많기 때문이다. 즉, 학부모나 지역 일반주민에게 보육시설의 조직과 목표, 철학 등을 이해시켜 보육의 효과를 높이고 지역사회 인사의 보육활동에 참여, 지역사회의 보육시설 활용, 보육시설의 지역사회 시설활용, 대중매체를 통한 지역사회와의 연계와 책임분담을 도모함으로써 영유아, 가정, 지역사회 모두 복지에 공헌하도록 하는 역할을 해야 한다. 또한 보육교사는 부모에게 영유아 발달에 관한 지식, 영유아와 상호 교류하는 방법 등에 관한 부모교육의 담당자가 되어야 한다.

실습을 하면서 인상 깊었던 것은 부모가 들려주는 동화라고 하여 어린이집에 다니는 아이들의 엄마, 형제가 함께 녹음한 동화를 언어영역 듣기 코너에 배치해 두어 유아들이 혼자 책을 볼 때 활용하는 모습을 보고 깜짝 놀랐다. 또한 듣기 코너뿐만 아니라 낮잠시간에 동화를 들을 때에도 활용하였는데 유아들이 너무나 좋아하는 모습을 보고 정말 좋은 아이디어이고 부모를 보육에 참여시키는 좋은 방법 중 하나라고 생각했다.

○○○실습생

(6) 평가자로서의 역할

보육교사는 자신이 제공한 보육서비스에 대해 객관적으로 평가할 수 있어야 하고 영유아의 변화된 발달상태 및 욕구 등을 주기적으로 관찰하고 평가해야 한다. 평가는 학급운영 평가, 영유아 행동발달 관찰평가, 건강진단 평가 등으로 나누어 실시한다.

5) 보육교사의 자질과 전문성

보육교사는 독립된 임무도 많이 있으나, 다른 교사와 함께 잘 일해 가는 것도 중요하며 또한 자신의 성장을 위한 노력도 필요하다. 따라서 교사의 자기직무에 대한 태도와 행동에 따라 교실과 아이들의 분위기가 달라지기도 하며, 바람직한 보육교사로서 성장해 나갈 수 있다. 다음은 보육교사가 갖추어야 할 자질이다(서영숙 외, 2003).

- 건강해야 한다.
- 동기와 열정을 가져야 한다.
- 인내심과 이해심이 있어야 한다.
- 영유아와 부모, 동료에게 본보기가 되어야 한다.
- 신뢰감이 있어야 한다.
- 자애로움이 있어야 한다.
- 가르치는 일을 사랑해야 한다.

보육은 영유아와 그들의 가족, 지역사회 그리고 국가적 요구를 포괄하여 영유아의 발달을 지원하는 매우 중요한 역할을 수행하고 있다. 보육교사는 이러한 다양한 요구의 보육역할을 인식하여 전문적인 업무를 수행해야 한다. 이를 위해 체계적이고 전문적인 지식과 기술, 그리고 거기에 수반되는 실천적 경험을 필요로 하고 있다. 계속적인 재교육이 필요하고 책임감과 사명감을 가져야 하고, 스스로의 사고가 독립적이어야 하고 스스로의 능력을 계속적으로 성장시켜 갈 수 있는 분위기가 조성되어야 한다. 보육교사가 전문성을 가지기 위해서는 다음과 같은 조건을 갖추어야 한다.

- 보육에 필요한 전문적 지식의 실천력을 가지고 있어야 한다.
- 보육에 대한 사회적 요구를 인식해야 한다.

교사 사명서

봄… 싱그러운 봄 햇살처럼 언제나 새로운 것을 준비하겠다.
꽃향기 가득한 봄이 사람들에게 기쁨을 주듯 유아에게 기쁨을 주겠다.
파릇파릇 피어나는 새싹처럼 늘 새로운 것을 준비하겠다.
봄의 시작이 중요하듯 유아들에게 의미 있는 시작을 준비해 주겠다.
영원히 사랑받는 봄처럼 모든 유아에게 사랑받겠다.
평화로운 봄 오후처럼 유아들에게 편안함을 제공하겠다.

여름… 신비롭고 호기심 넘치는 여름 바다와 같이 유아들에게 흥미로운 교사가 되겠다.
푸르른 여름 들판처럼 유아들이 모든 것을 내게서 가져가도록 개방하겠다.
시원한 여름밤처럼 여유로움으로 동료교사와 협력하겠다.
열정적 여름 태양처럼 매사에 열정을 가지고 최선을 다하겠다.
강렬한 여름처럼 확고한 신념을 갖겠다.
여름날 시원한 냉수처럼 유아들의 호기심을 해결해 주는 교사가 되겠다.

가을… 모든 것이 충성하게 익는 가을 들판처럼 내면적 성숙을 갖춘 교사가 되겠다.
신선한 가을바람처럼 유아의 가정에 행복을 돕겠다.
차분한 느낌의 가을과 같이 반성적 교사가 되겠다.
풍성한 곡식을 거두듯 유아들이 나에게 많은 것을 가지고 갈 수 있도록 노력하겠다.
겨울을 대비하듯 미래를 생각하는 현명한 교사가 되겠다.
책장을 넘기는 가을바람처럼 영향력 있는 교사가 되겠다.

겨울… 동물들이 겨울잠을 이루듯 유아들에게 안락함을 제공하겠다.
하늘에서 눈이 내리듯 유아들에게 축복을 내리겠다.
겨울에 간절한 따스함처럼 유아에게 사랑을 베풀겠다.
동료교사, 유아, 학부모, 모든 이들을 감싸주겠다.
봄을 준비하듯 끊임없이 연구하겠다.

* 예비교사 '김은주' 학생의 교사 사명서

- 보육에 관한 직무연수, 승급연수를 비롯한 지속적인 현직교육을 받아 늘 성장해야 한다.
- 보육에 대한 자율적 판단과 책임을 가지는 자율성을 가져야 한다.
- 보육교사는 자신들의 권익을 보호하는 단체를 구성하고 활동해야 한다.
- 보육교사의 역할에 대한 윤리강령을 가지고 있어야 한다.
- 전문직에 걸맞은 보육교사의 사회 · 경제적 지위를 확보해야 한다.

3. 보육시설의 종류와 운영시간

1) 보육시설의 종류

영유아보육법 제10조에서는 우리나라의 보육시설의 종류를 1. 국가 또는 지방자치단체가 설치 · 운영하는 국공립 보육시설, 2. 사업주가 사업장의 근로자를 위해 설치 · 운영하는 직장 보육시설(국가 또는 지방자치단체의 장이 소속 공무원을 위하여 설치 · 운영하는 보육시설 포함), 3. 사회복지사업법에 의한 사회복지법인이 설치 · 운영하는 법인 보육시설, 4. 개인이 가정 또는 그에 준하는 곳에 설치 · 운영하는 가정 보육시설, 5. 보호자들이 조합을 결성하여 설치 · 운영하는 부모협동 보육시설, 6. 제1호 내지 제5호에 해당하지 아니하는 보육시설인 민간 보육시설의 여섯 가지로 나누고 있다.

<표 1-4> 보육시설의 종류(영유아보육법 제10조)

구분	명칭	설립주체	설치방법	규모
국공립 보육시설	어린이집	국가 지방자치단체	위탁	영유아 11명 이상
직장 보육시설	어린이집	사업장의 사업주	인가	영유아 5명 이상
법인 보육시설	어린이집	사회복지 법인	인가	영유아 21명 이상
민간 보육시설	어린이집	개인	인가	영유아 21명 이상
가정 보육시설	어린이집	개인	인가	영유아 5~20명 이하
부모협동 보육시설	어린이집	보호자 15인 이상	인가	영유아 11명 이상

이 밖에도 보육시설은 설립주체에 따라 국공립, 민간, 직장, 가정보육시설로 구분되고, 운영특징에 따라 방과후, 영아전담, 장애아 전담, 야간 24시간 보육시설 등으로 분류되기도 한다.

2) 보육대상 및 보육시간

(1) 보육대상

0~6세 미만의 취학 전 아동을 보육 원칙으로 하며, 필요한 경우 보육시설의 장은 만 12세까지 연장하여 보육할 수 있다(영유아보육법 제27조 단서 조항).

(2) 보육시간

영유아보육법 제24조 제1항의 규정에 의한 보육시설의 운영기준은 영유아보육법 시행규칙 제23조 [별표 8]에서 보육시간 등에 관해 다음과 같이 규정하고 있다. 보육시설은 종일제 운영을 원칙으로 하며 통상적인 근로시간(09 : 00~18 : 00)을 고려하여 주 6일, 평일 12시간(07 : 30~19 : 30, 토요일: 8시간)까지 운영하는 것을 원칙으로 하고, 보호자의 근로시간 등을 고려하여 조정 운영할 수 있다. 또한 기준시간 초과보육 및 휴일보육은 보호자와 시설장의 협의에 의해 실시할 수 있으며 공휴일을 제외하고 연중 계속 운영하여야 하며 보호자와 시설장의 협의에 의하여 공휴일에도 운영할 수 있다.

영유아보육법 제17조 제2항의 규정에 근거한 영유아보육법 시행규칙 제10조 [별표 2]에서 보육교사의 근무시간은 09 : 00~18 : 00를 원칙으로 하고, 나머지 3시간(오전 07 : 30~09 : 00, 오후 18 : 00~19 : 30)은 시설장, 보육교사 간 교대근무를 할 수 있고, 나머지 3시간은 시간외 근무수당을 지급할 수 있다고 규정하고 있다. 서울시에서는 2006년부터 연장시간 근무교사를 채용할 경우 이에 대한 인건비 지원을 시작하였다.

4. 보육의 내용

「영유아보육법」 제29조에 의하면 '보육과정은 영유아의 신체 · 정서 · 언어 · 사회성 및 인지적 발달을 도모할 수 있는 내용을 포함하여야 한다.' 고 명시되어 있으며,

「영유아보육법시행규칙」 제30조(보육과정)에서는 '법 제29조 제2항의 규정에 의하여 여성가족부장관이 개발 · 보급하여야 하는 표준보육과정에 교육 · 영양 · 건강 · 안전 등 영유아의 발달단계에 따른 보육내용이 포함되어야 한다.<개정 2005. 6. 23>' 고 명시되어 있다. 이에 따라 김명순 등(2005)은 표준보육과정 연구를 통해 보육과정을 6개 영역(사회관계, 의사소통, 신체운동, 자연과학탐구, 예술경험, 기본생활)과 3개 연령(만 2세 미만, 만 2세, 만 3세~5세)으로 제시하였으며, 2006년 '여성가족부령' 으로 입법화 과정에 있다(여성가족부, 2005). 보육사업안내(2006)와 서울시보육사업(2005)에 제시된 주요 보육의 내용은 다음과 같다.

1) 주요 보육내용

(1) 보호 및 교육

보호는 영유아에 대하여 심신의 세심한 보호를 통하여 가정과 같은 분위기를 조성하여 정서적 안정감을 유도함을 의미한다. 교육은 영유아의 신체적, 사회적, 지적 및 언어적 발달에 기여할 수 있는 경험을 제공하고 유능하고 존경받는 사람으로서의 자기존중감을 발달시킬 수 있도록 도와주어야 함을 의미한다. 이러한 기본 원칙 하에 보육계획을 수립하여야 하며 하루의 일과는 인지적, 사회적, 언어적 발달을 위한 개별 · 집단활동, 동적 · 정적 놀이 그리고 수유 · 배변 등의 생리적 욕구에 대한 배려와 휴식시간이 포함되어야 한다.

(2) 영양

영양은 규칙적인 식사와 간식의 제공으로 충분하고 균형 있는 영양을 공급해 주어 올바른 식습관을 가질 수 있도록 도와주어야 한다는 기본 원칙 하에 식단표를 작성하여 관리하여야 한다.

- 급식은 정상적인 발달에 필요한 영양을 섭취할 수 있도록 영양사가 작성한 식단에 의하여 공급하되, 영유아 100인 미만을 보육하는 시설의 경우는 인근 보육정보센터, 보건소 및 영양관련 전문 단체의 영양사의 지도를 받아 식단을 작성할 수 있어야 한다.

- 동일 시 · 군 · 구 간의 보육시설의 경우에는 공동으로 영양사를 둘 수 있으며 보육센터에 근무하는 영양사 등의 서비스를 받을 때까지는 시설장이 작성한 식단을 이용하는 것도 가능하다.
- 특별한 음식을 필요로 하는 1세 미만의 영유아에게는 그 부모나 보호자의 의사를 반영하여 음식을 제공하여야 한다.

(3) 건강

건강관리는 영유아의 신체적 · 정서적 건강을 위하여 예방적 서비스를 제공하고 현재 가지고 있는 건강문제를 발견하여 치료하게 해 줌으로써 영유아와 그 가족 및 지역사회의 건강을 증진시키도록 하여야 한다는 원칙 아래 다음과 같은 점을 그 내용으로 하고 있다.

- 보육시설 장은 영유아의 건강진단 결과 건강이 좋지 아니한 영유아에 대하여는 보호자와 협의하여 치료를 위해 필요한 조치를 취하여야 한다.
- 종사자에 대하여는 신규채용 시 및 매년 1회 이상의 건강진단을 실시해야 한다.
- 전염성 질환으로 밝혀지거나 의심되는 영유아는 시설로부터 격리시켜야 한다.
- 보육시설 안의 안전한 장소에 응급조치를 위한 비상약품 및 간의 의료기구를 비치하여야 한다.
- 조리실, 화장실, 침구 등에 대한 정기적인 소독을 실시하고 부패되기 쉬운 음식물 관리에 철저를 기하여야 한다.

(4) 안전

보육시설의 종사자는 안전관리의 중요성을 인식하고 이를 실천하기 위하여 노력하여야 하며 영유아 스스로가 자신의 안전을 보호할 수 있는 능력과 기술을 가질 수 있도록 도와주어야 한다는 원칙 아래 다음과 같은 사항을 준수하여야 한다.

- 보육시설에서는 사고 발생의 원인과 가능성을 제거하기 위해 우선 실내 · 외 환경을 점검해야 하고, 시설과 설비를 안전하게 구성해야 한다.

- 보육시설의 종사자는 영유아의 활동 시 안전을 위해 지도 · 감독하며 영유아들에게 안전교육을 실시해야 한다.
- 보육시설의 장은 화재 등 긴급사태에 대비한 계획을 수립하고, 정기적인 점검 및 훈련을 실시하여야 한다.

2) 표준보육과정에서의 보육내용

표준보육과정에서 궁극적으로 추구하는 인간상은 스스로 노력하는 자율적인 인간, 건전한 인성을 가진 창의적 인간, 사회에 기여하는 민주적 인간, 자신의 문화를 사랑하되 새로운 가치를 추구하는 인간이다. 이를 총괄하는 목표를 표준보육과정은 다음과 같이 제시하고 있다(김명순 외, 2005).

(1) 표준보육과정의 목표

- 자신을 사랑하고 존중하며, 또래나 가족, 보육교사 등 타인과 긍정적 관계를 맺으며 사회에서 더불어 사는 태도를 가진다.
- 일상생활에 필요한 기초적인 언어능력을 습득하여 자신의 생각을 언어로 표현하고 타인과의 의사소통능력을 기른다.
- 자신의 신체에 대한 긍정적 인식과 필요한 기초 체력을 길러 운동능력을 향상한다.
- 친근한 주변과 자연의 예술적 요소를 탐색하고 창의적 표현을 즐기는 경험을 통해 풍부한 감성 및 심미감을 기른다.
- 주위의 여러 사물과 자연 현상에 대하여 인지적 관심과 호기심을 가지고 탐구하며, 이에 필요한 기초능력과 태도를 기른다.
- 보육시설이나 사회에서 안전하고 건강하게 살아가는 데 필요한 기본생활태도를 기른다.

(2) 표준보육과정의 영역별 목표 및 내용

① 사회관계

사회관계영역에서의 목표는 자신에 대한 존중감을 기르고, 자신과 다른 사람의 정서를 인식하고 이를 사회적 관계에서 적절히 조절하여 활용할 수 있도록 하며, 가족과 또래, 그리고 지역사회와 긍정적인 관계를 형성하고, 유능한 사회 구성원으로 기능하기 위하여 필요한 사회적 지식을 획득하도록 한다. 이와 같은 목표 아래 사회관계영역에서는 다음과 같은 네 가지 하위목표가 있다.

- 자신의 독특한 자아에 대해 인식하고 자신감과 독립심을 기른다.
- 자신과 타인의 정서를 이해하고 표현하며, 자신의 정서를 조절하고 활용한다.
- 다른 사람과의 관계를 이해하고 더불어 살아가는 능력을 기른다.
- 자신을 둘러싼 사회현상에 관심을 가지고 이해한다.

<표 1-5> 사회관계영역의 연령별 목표와 내용

내용범주	2세 미만	2세	3~5세
자기존중	• 자신을 분리된 존재로서 인식하기	• 자신을 다른 사람과 구별하기 • 자신에 대해 긍정적으로 생각하기 • 독립적으로 행동하기	• 자신의 소중함을 알기 • 자신감과 독립심 기르기 • 성정체감 형성하기
정서 인식과 조절	• 자신의 정서를 느끼고 표현하기	• 자신의 정서를 적절하게 표현하기 • 다른 사람의 정서에 관심 가지기	• 자신과 다른 사람의 다양한 정서를 인식하고 표현하기 • 자신의 정서를 조절하고 활용하기
사회적 관계	• 다른 사람에게 관심 가지기 • 양육자와 애착 형성하기	• 가족관계 이해하기 • 또래에게 관심 가지기 • 자신이 속한 집단 알기	• 가족과 화목하게 지내기 • 또래와 사이좋게 지내기 • 공동체 정신 기르기
사회적 지식			• 지역사회에 관심 가지고 이해하기 • 우리나라에 관심 가지고 이해하기 • 세계와 여러 문화에 관심 가지기 • 경제생활에 관심 가지고 이해하기

② 의사소통

의사소통영역에서의 목표는 듣고 말하는 것을 즐기며 상황에 맞는 언어를 익히고, 일상생활에 필요한 의사소통능력과 기초적인 문해능력을 기르고, 바르고 즐거운 언어생활 태도와 습관을 갖는 것이다. 이와 같은 목표 아래 의사소통영역에서는 다음과 같은 네 가지 하위목표가 있다.

- 다른 사람의 이야기를 주의 깊게 듣는 태도와 이해력을 기른다.
- 바른 태도와 정확한 발음으로 자신의 느낌, 생각, 경험을 말로 표현하는 능력을 기른다.
- 주위의 사람들과 대화하고 여럿이 함께 토론하며 서로의 의견을 나누는 경험을 갖는다.
- 글과 글자에 친숙해지는 경험을 통해 읽기와 쓰기에 흥미를 갖는다.

<표 1-6> 의사소통영역의 연령별 목표와 내용

내용범주	2세 미만	2세	3~5세
듣기	• 소리 구분하여 듣기 • 경험과 관련된 말의 의미 알기 • 운율이 있는 말 듣기	• 말소리 구분하여 듣기 • 말소리 듣고 의미 알기 • 운율이 있는 말 듣고 즐기기	• 어휘의 발음 경청하기 • 낱말과 문장을 듣고 이해하기 • 이야기 듣고 이해하기 • 동요, 동시, 동화 듣기 • 바른 태도로 듣기
말하기	• 발성과 발음으로 소리 내기 • 친숙한 사물의 이름 말하기 • 말소리와 몸짓으로 의사표현하기	• 바른 발음 시도하기 • 사물의 이름 말하기 • 자신의 느낌과 생각 말하기 • 행동에 맞는 말하기	• 바르게 발음하여 말하기 • 낱말과 문장으로 말하기 • 자신의 느낌, 생각, 경험 말하기 • 상황에 맞는 언어 사용하기 • 바른 태도로 말하기
읽기	• 읽어 주는 짧은 글에 흥미 가지기 • 그림책에 흥미 가지기	• 글자 모양에 흥미 가지기 • 읽어 주는 글 즐기기 • 그림책에 흥미 가지기	• 읽기에 흥미 가지기 • 동요, 동시, 동화 읽기 • 읽어 주는 글 이해하기 • 그림책 읽기를 즐기기

<계속>

쓰기	• 긁적거리기를 시도하기 • 쓰기 도구에 흥미 가지기	• 긁적거리기 • 쓰기 도구에 흥미 가지기	• 낱말과 문장으로 쓰기에 흥미 가지기 • 자신의 느낌, 생각, 경험 쓰기에 흥미 가지기 • 쓰기 도구 및 매체 사용하기 • 말과 글의 관계 알기

③ 신체 · 운동

신체 · 운동영역의 목표는 자신의 신체를 긍정적으로 인식하고 즐겁게 신체활동에 참여함으로써 영유아기에 필요한 기본 운동능력을 기르는 것이다. 이와 같은 목표 아래 신체 · 운동영역에서는 다음과 같은 세 가지 하위목표가 있다.

- 기본적 감각능력을 기르고, 자신의 신체를 긍정적으로 인식한다.
- 신체를 조절하고 기본운동 능력을 기른다.
- 신체활동에 즐겁게 참여한다.

<표 1-7> 신체 · 운동영역의 연령별 목표와 내용

내용범주	2세 미만	2세	3~5세
감각 및 신체인식	• 감각적 자극에 반응하기 • 감각기관을 통해 탐색하기 • 신체 탐색하기	• 감각능력 기르기 • 감각기관 활용하기 • 신체를 인식하고 움직이기	• 감각능력 기르기 • 감각기관 활용하기 • 신체를 인식하고 움직이기
신체조절 및 기본운동	• 대근육 조절하기 • 소근육 조절하기 • 협응력 기르기 • 균형감 기르기 • 이동 운동 시도하기 • 비이동 운동 시도하기	• 신체조절력 기르기 • 신체균형감 기르기 • 이동 운동하기 • 비이동 운동하기 • 조작 운동하기	• 신체조절 및 균형감 기르기 • 이동 운동하기 • 비이동 운동하기 • 조작 운동하기 • 움직임의 요소를 인식하고 움직이기
신체활동 참여	• 몸 움직임 즐기기 • 기구를 이용한 신체활동 시도하기	• 신체활동에 참여하기 • 기구를 이용한 신체활동하기 • 안전하게 신체활동하기	• 자발적으로 신체활동에 참여하기 • 다양한 기구를 이용한 신체활동하기 • 안전하게 신체활동하기

④ 예술경험

예술경험영역에서 목표는 주변 사물 및 환경에 있는 예술적 요소나 예술작품에 관심을 보이고 즐김으로써 심미감과 창의성 및 풍부한 감성을 기르는 것이다. 이와 같은 목표 아래 예술경험영역에서는 다음과 같은 세 가지 하위목표가 있다.

- 주변의 단순한 예술적 요소에서부터 다양한 요소까지 관심을 보이고 탐색한다.

“자신의 생각과 느낌을 극, 동작, 음악, 미술로 표현하는 것을 즐기며 점차 다양한 양식을 사용하여 창의적으로 표현한다.

- 생활 속에서 자연과 사물 및 예술 작품들을 보고 즐긴다.

<표 1-8> 예술경험영역의 연령별 목표와 내용

내용범주	2세 미만	2세	3~5세
심미적 탐색	• 소리, 움직임, 시각적 자료에 호기심 가지기	• 주변 환경의 예술적 요소 탐색하기	• 음악적 요소 탐색하기 • 움직임과 춤 탐색하기 • 가작화 요소 탐색하기 • 미술적 요소 탐색하기
예술적 표현	• 리듬 있는 소리로 반응하기 • 몸동작으로 반응하기 • 모방행동 즐기기 • 단순한 미술 경험 시도하기	• 리듬 있는 소리, 노래, 춤으로 표현하기 • 모방과 단순한 가작놀이하기 • 단순한 미술활동 즐기기	• 리듬 만들기 • 노래 부르기 • 춤으로 표현하기 • 극놀이로 표현하기 • 미술활동 즐기기 • 다양한 미술재료 사용하기 • 통합적으로 표현하기
예술 감상	• 소리나 노래 즐겨 듣기 • 주변의 아름다움 경험하기	• 주변 환경 속의 예술적 요소에 관심 갖고 즐기기	• 음악 감상하기 • 춤 감상하기 • 극놀이 감상하기 • 미술작품 감상하기

⑤ 자연과학탐구

자연탐구영역의 목표는 주변의 여러 가지 사물과 자연환경을 지각하고 호기심을 가지며 지속적으로 탐구하는 태도와 기초능력을 기르는 것이며, 이와 같은 목표 아래 자연탐구영역에서는 다음과 같은 세 가지 하위목표가 있다.

- 주변의 여러 가지 사물과 자연환경에 대해 지속적으로 호기심을 가진다.
- 일상생활의 여러 상황과 문제를 수학적으로 이해하고 해결하기 위한 기초능력을 기른다.
- 주변의 여러 가지 사물과 자연환경을 탐구하고 이해하는 데 필요한 기초능력을 기른다.

<표 1-9> 자연과학탐구영역의 연령별 목표와 내용

내용범주	2세 미만	2세	3~5세
탐구적 태도	• 주변의 사물과 환경에 관심 가지기 • 반복적으로 탐색하기	• 주변의 사물과 환경에 호기심 가지기 • 반복적인 탐색 즐기기 • 문제해결에 관심 가지기	• 주변의 사물과 환경에 지속적으로 호기심 가지기 • 탐구과정 즐기기 • 기초 탐구 기술 활용하기
수학적 탐구	• 수량 지각하기 • 주변 공간 탐색하기 • 비교하기 • 간단한 규칙성 지각하기	• 수량 인식하기 • 공간과 도형 인식하기 • 비교하기 및 순서 인식하기 • 간단한 규칙성 인식하기 • 구분하기	• 수 개념 형성하기 • 공간 및 도형 개념 형성하기 • 측정하기 • 규칙성 이해하기 • 자료 수집 및 분석하기
과학적 탐구	• 주변의 사물 지각하기 • 주변 생명체에 관심가지기 • 자연 현상 지각하기	• 물체와 물질의 특성 탐색하기 • 주변 생명체의 외적 특성 알기 • 자연 현상 인식하기 • 생활 속의 도구에 관심 가지기	• 물체와 물질의 기본 특성 알기 • 생명체와 환경과의 관계 알기 • 자연 환경 이해하기 • 도구와 기계 활용하기

⑥ 기본생활

기본생활영역의 목표는 건강하고 안전한 생활 습관을 길러 자신의 건강을 스스로 관리하고 위험으로부터 자신을 보호할 수 있는 능력을 기르는 것이며, 이와 같은 목표 아래 기본생활영역의 하위목표는 다음의 세 가지 하위목표가 있다.

- 청결과 위생, 수면과 휴식, 바른 식생활 및 의생활을 통해 발달을 촉진하고 건강을 증진한다.
- 심신의 건강을 바탕으로 여러 활동에 적극적으로 참여하고 즐겁게 생활한다.
- 위험한 요인과 상황에 대해 알고 아전하게 대처하는 능력을 길러서 자신과 타인을 보호한다.

<표 1-10> 기본생활영역의 연령별 목표와 내용

내용범주	2세 미만	2세	3~5세
건강한 생활	• 몸을 깨끗이 하기 • 즐겁게 먹기 • 적당한 잠자기와 휴식하기 • 즐거운 생활하기	• 몸을 깨끗이 하기 • 올바른 태도로 먹기 • 적당한 잠자기와 휴식하기 • 즐겁게 활동하기 • 건강한 배설습관 갖기 • 스스로 옷 입고 벗기 • 건강에 관심 갖기	• 몸과 주변 환경을 깨끗이 하기 • 식생활을 바르게 하기 • 적당하게 잠자고 휴식하기 • 적극적으로 활동하기 • 옷을 상황에 맞게 입기 • 건강에 관심을 갖고 건강 생활 실천하기
안전한 생활	• 놀잇감을 안전하게 사용하기 • 위험한 상황을 알기	• 놀이 규칙에 따라 안전하게 놀이하기 • 위험한 상황을 알고 조심하기 • 탈것의 위험을 알고 안전하게 다니기	• 안전하게 놀이하고 타인의 안전을 배려하기 • 위험한 상황에서 안전하게 행동하기 • 탈것을 안전하게 이용하기 • 안전교육의 중요성을 알고 참여하기

3) 아동의 연령별 보육내용

(1) 만 2세 미만의 영아보육

만 1세 반은 보육교사 1인당 5명의 영아를 담당하고 만 2세 반은 보육교사 1인당 7명의 영아를 담당하도록 영유아보육법 시행규칙에 규정되어 있다. 이것은 정서발달과 애착형성, 신체적 급성장의 중요한 시기를 고려하여 영아와의 상호작용의 횟수와 보살핌을 고려한 것이다. 또한 영아의 안전과 건강을 고려하여 가정에서와 같이 편안하고 보호적인 환경에서 양육하도록 보살펴야 한다. 영아의 일과 운영은 생리적인 기본 욕구를 충족시키는 활동들로 구성되며 보육시설의 상황과 영아 개인적인 발달에 따라 융통성 있게 변화될 수 있다.

<표 1-11> 만 1세 하루일과의 예

시간	주요 일과	주요 활동내용
7:30~9:00	등원 및 실내활동	• 밝은 미소로 영아를 맞이하고 보호자에게 영아의 상태 듣기 • 건강상태를 확인, 부모가 기록한 일일 보고서 확인하기 • 놀잇감을 가지고 자유롭게 놀이하기
9:00~9:20	대소변 가리기 및 손 씻기	• 영아의 기저귀를 살피고, 변기를 사용하도록 하기
9:20~10:30	오전 간식 및 실내 자유놀이	• 포크나 수저를 사용하여 스스로 먹기 • 먹고 난 후 정리정돈하기 • 교사가 준비한 놀이활동이나 자유롭게 탐색활동하기 • 교사와 상호작용, 또래와의 접촉, 혼자놀이 등의 활동하기
10:30~10:50	정리정돈 및 전이	• 교사가 정리하면서 영아도 함께 해 보기 • 다음 놀이활동 장소를 알려 주고 이동하기
10:50~11:30	실외 자유놀이	• 교사가 준비한 실외놀이 활동이나 대근육 활동, 물 · 모래놀이 등을 자유롭게 하기

<계속>

11 : 30~12 : 30	점심준비 및 점심 이 닦기 및 대소변 가리기	• 식사 전 손 씻고 수저를 사용하여 스스로 먹기 • 점심 후 이 닦는 것 돕기 • 낮잠 자기 전에 기저귀를 갈거나 화장실 다녀오기
12 : 30~15 : 00	낮잠 준비 및 낮잠	• 낮잠 준비를 하고 조용한 음악, 자장가 듣기
15 : 00~16 : 30	낮잠 깨기 및 정리정돈 화장실 가기 손 씻기 및 오후 간식	• 낮잠에서 깨어나면 잠자리 정리하기 • 기저귀를 갈거나 화장실 다녀오기 • 손을 씻겨 주거나 손을 씻을 수 있도록 하기 • 포크나 수저를 이용하여 스스로 먹을 수 있도록 하기
16 : 30~18 : 00	실내 · 외 자유놀이	• 과도한 자극을 줄이고 오전 활동을 반복하거나, 다른 공간으로 장소를 이동하여 놀이 변화 주기
18 : 00~19 : 30	조용한 놀이 귀가 준비 및 귀가	• 귀가 준비(소지품 챙기기, 씻기, 옷입기 등) 하고 일일보고서 작성하기 • 영아와 개별적 놀이하기 • 부모와 영아의 상태에 대해 이야기하고 귀가인사 나누기

* 출처: 서울시(2005). '영아 보육프로그램' 참조.

<표 1-12> 만 2세 하루일과의 예

시간	주요 일과	주요 활동내용
7 : 30~9 : 00	등원 및 실내활동	• 밝은 미소로 영아를 맞이하고 보호자에게 영아의 상태 듣기 • 건강상태를 확인, 부모가 기록한 일일보고서 확인하기 • 놀잇감을 가지고 자유롭게 놀이하기
9 : 00~9 : 20	화장실 다녀오기 및 손 씻기	• 화장실 다녀오기 • 손을 스스로 씻도록 하기
9 : 20~10 : 30	오전 간식 및 실내 자유놀이	• 포크나 수저를 사용하여 스스로 먹기 • 먹고 난 후 정리정돈하기 • 교사가 준비한 놀이활동이나 자유롭게 탐색 활동하기 • 교사와 상호작용, 또래와의 접촉, 혼자놀이 등의 활동하기
10 : 30~10 : 50	정리정돈 및 전이	• 교사가 정리하면서 영아도 함께 해 보기 • 간단한 전이활동하기 • 다음 놀이활동 장소를 알려 주고 이동하기
10 : 50~11 : 30	실외 자유놀이	• 교사가 준비한 실외놀이활동이나 대근육 활동, 물 · 모래놀이 등을 자유롭게 하기
11 : 30~12 : 30	점심준비 및 점심 이 닦기 및 대소변 가리기	• 식사 전 손 씻고 수저를 사용하여 스스로 먹기 • 점심 후 이 닦는 것 돕기 • 낮잠 자기 전에 기저귀를 갈거나 화장실 다녀오기
12 : 30~15 : 00	낮잠 준비 및 낮잠	• 낮잠 준비를 하고 조용한 음악, 자장가 듣기
15 : 00~16 : 30	낮잠 깨기 및 정리정돈 화장실 가기 손 씻기 및 오후 간식	• 낮잠에서 깨어나면 잠자리 정리하기 • 기저귀를 갈거나 화장실 다녀오기 • 손을 씻겨 주거나 손을 씻을 수 있도록 하기 • 포크나 수저를 이용하여 스스로 먹을 수 있도록 하기
16 : 30~18 : 00	실내 · 외 자유놀이	• 오전 활동을 반복하거나, 다른 공간으로 장소를 이동하여 놀이 변화주기
18 : 00~19 : 30	조용한 놀이 귀가 준비 및 귀가	• 귀가준비(소지품 챙기기, 씻기, 옷 입기 등)하고 일일보고서 작성하기 • 영아와 개별적 놀이하기 • 부모와 영아의 상태에 대해 이야기하고 귀가인사 나누기

* 출처: 서울시(2005). 유아 보육프로그램, p. 73 참조.

영아들과 함께 할 때

▷ 실습을 하기 전에 영아들의 흥미를 위하여 아이들이 좋아하는 모양으로, 실습생 이름표를 만들며, 안전을 생각하여 부직포를 사용한다.

▷ 앞치마를 착용할 경우 실습생 이름표를 똑딱 단추로 고정시키면 1세 아이들을 안아 주어도 떨어질 염려가 없고, 2세 아이는 떼었다 부쳤다를 하면서 놀 수 있어서 좋다. 영아와 대화가 없어도 직접 신체접촉으로 친근감을 가질 수가 있다.

▷ 낮잠을 자다가 도중에 잠을 깨는 영아들은 꿈과 현실을 구별하지 못하므로 갑자기 개입하여 놀라게 하지 말고 우선 안심시키는 것이 중요하다.

▷ 영아들은 우유를 먹고 있는 도중에도 잠이 오면 울거나 우유를 먹지 않을 수 있고, 또한 이유식을 하는 영아들은 숟가락을 입에 대는 것만으로도 울기 때문에 우유나 이유식을 먹을 때에 선생님이 노래를 불러 주거나 입으로 "꿀꺽 꿀꺽" 하면서 먹는 흉내를 내면 효과적이다.

▷ 1세 영아에게는 말을 걸거나 노래를 불러 주면 잘 반응하며, 함께 놀아 주면 반응을 더욱 잘 보이고 영아가 기분이 좋으면 잘 웃는다.

▷ 영아들의 귀저기를 자주 살피고 갈아 주는 것은 건강과 위생에 직결되는 것이기 때문에 중요하며, 기저귀를 갈아 줄 때는 영아에게 말을 걸거나, 눈을 맞추며 반응하도록 한다.

* 출처: 秋山律子 外(2004). 保育實習, pp. 8-12.

(2) 만 3세 보육

만 3세는 보육교사 1인이 유아 15명을 담당한다. 이 시기 유아는 주위환경에 호기심이 많으므로 보육교사는 신체적 · 정서적 · 지적 성장을 자극하여 유아로 하여금 다양한 경험을 할 수 있도록 배려해야 한다. 또한 유아의 개별적인 성장을 파악하여 그 능력에 따른 지도로 유아가 자아존중감을 키워 나가도록 도와주어야 한다.

<표 1-13> 만 3세 하루일과의 예

시간	주요 일과	주요 활동내용
7 : 30~9 : 00	등원 및 통합보육	• 유아 맞이하기, 부모와 간단한 대화 나누기 • 통합 보육하기
9 : 00~11 : 00	자유선택활동 및 오전간식	• 개별적 혹은 소집단으로 각 영역에서 준비된 놀이를 선택하여 놀이하기 • 활동 중 자유롭게 손 씻고 간식 먹기
11 : 00~11 : 15	정리정돈 및 화장실 가기	• 가지고 놀던 놀잇감을 제자리에 정리한 후 화장실 다녀오기
11 : 15~11 : 35	전이활동 및 대집단활동	• 전이활동을 통해 유아들의 활동을 환기시키고 동화, 동극, 게임, 노래, 자유표현 등 대집단활동하기

<계속>

11 : 35~12 : 30	실외 및 대근육 놀이	• 실외 놀이터, 유희실에서 다양한 대근육활동이나 게임, 물 · 모래놀이를 자유롭게 선택하여 놀이하기
12 : 30~12 : 40	정리정돈 및 손씻기	• 정리정돈하고 손 씻기 • 개별적으로 화장실 가기
12 : 40~13 : 10	점심	• 교사, 친구들과 가족과 같은 분위기로 점심 먹기
13 : 10~13 : 30	이 닦기 및 화장실 가기	• 이 닦고 화장실을 다녀와 편안한 옷으로 갈아입기
13 : 30~15 : 00	낮잠 준비 및 낮잠	• 낮잠 자기 전에 동화를 듣고 낮잠 자기
15 : 00~15 : 30	낮잠 깨기 및 정리정돈	• 먼저 일어나 유아들은 화장실 다녀오기 • 다른 유아가 일어날 때까지 조용한 놀이하기
15 : 30~17 : 00	오후 간식 및 실내 자유놀이	• 놀이를 개별적으로 또는 소집단으로 선택하여 오후 간식 먹기
17 : 00~17 : 50	실외 놀이 및 대근육놀이	• 유희실, 실외 놀이터에서 대근육 놀이나 물 · 모래놀이, 게임을 선택하여 놀이하기
17 : 50~19 : 30	통합보육 및 귀가	• 부모님이 오시는 대로 귀가하기

* 출처: 서울시(2005). 유아 보육프로그램, p. 73 참조.

만 3세 유아들과 함께 할 때

▷ 옷 갈아입기와 식사할 때에 실습 보육교사에게 "입혀 줘, 먹여 줘~."라고 응석을 부리는 유아가 있는 경우, 그럴 때에는 그저 말로만 하지 말고, 마음을 담아 "선생님이 보고 있을 테니까 혼자서 해 보세요." 하고 따뜻하게 말을 한다.

▷ 혼자서 놀기를 좋아하는 유아의 경우 교사는 옆에서 지켜보고 있다가 유아의 요청이 있을 때 함께 놀아 준다.

▷ 유아들은 마음에 드는 친구끼리 2~3명씩 친구와 놀기 때문에 같이 놀지 못하는 아이들이 소외감을 느끼지 않도록 자연스럽게 놀아 준다.

▷ '순서' '교대'를 알게 되는 시기이나 성급한 유아는 자기 차례를 기다리지 못한다. 이때 대화를 통해 '기다리는 것'을 할 수 있도록 도와준다.

▷ 식사를 하면서 가끔 엎지르기도 하지만 혼자서 젓가락을 사용할 수 있으므로 스스로 해 보도록 격려한다.

▷ 혼자서 소변을 보러 갈 수 있지만 대변은 어른이 도와주어야 한다.

▷ 잠옷이나 옷을 혼자서 입고 벗을 수 있지만 때에 따라 도움도 필요하다.

* 출처: 秋山律子 外(2004). 保育實習, pp. 43-45.

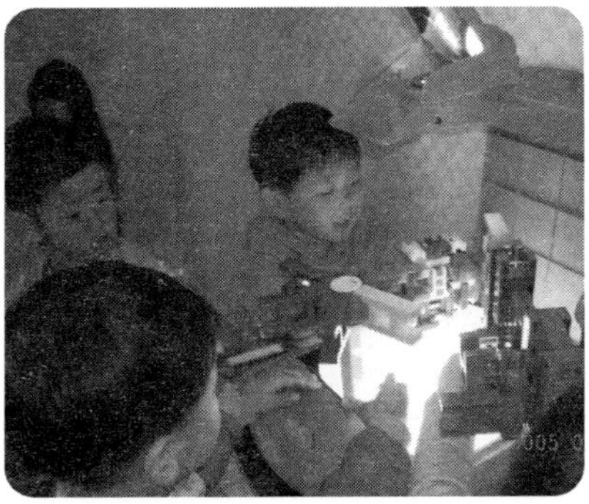

(3) 만 4~5세 보육

이 시기의 유아는 자기의 의견을 확실히 말하거나 소그룹, 대그룹을 만들어서 친구들과 놀기를 좋아하지만 여러 장소에서 갈등이 생기기도 한다. 그러므로 교사는 친구관계, 힘 관계, 놀이의 모습 등에서 세심한 관찰과 주의를 요하는 시기다.

<표 1-14> 만 4세 하루일과의 예

시간	주요 일과	주요 활동내용
7:30~9:00	등원 및 통합보육	• 유아의 건강, 심리 상태를 파악하고 맞이하기 • 유아 스스로 옷 정리하기 • 통합활동하기
9:00~10:30	자유선택활동 및 오전간식	• 개별적 혹은 소집단으로 각 영역에서 준비된 놀이를 선택하여 놀이하기 • 활동 중 자유롭게 손 씻고 간식 먹기
10:30~10:50	정리정돈 및 화장실 가기	• 가지고 놀던 놀잇감을 제자리에 정리한 후 화 장실 다녀오기
10:50~11:20	대 · 소집단활동	• 자유선택활동 회상하기 • 교사 주도의 활동으로 주제토의, 주제와 연관된 활동하기
11:20~12:20	실외 자유선택활동	• 대근육활동, 역할놀이활동, 물 · 모래놀이 활동 등 다양한 놀이하기
12:20~13:20	손 씻기 및 점심 식사, 이 닦기	• 정리정돈하고 손 씻기 • 개별적인 상호작용을 하며 올바른 식습관 지도하기 • 양치질하기
13:20~14:00	조용한 활동, 정리정돈	• 점심식사가 끝난 유아들은 책 보기, 조용한 활동 하며 낮잠 준비하기 • 정리정돈 및 화장실 다녀오기 • 베개 및 낮잠 타월 찾아 침대 위에 덮고 눕기
14:00~15:30	낮잠 및 휴식	• 동화 듣기 • 낮잠 자기 및 음악 들으며 누워서 휴식하기
15:30~16:00	낮잠 깨기 및 정리정돈	• 먼저 일어난 유아들은 화장실을 다녀온 후 다른 유아가 일어날 때까지 책 보기 등 정적인 놀이하기 • 침구 정리하기

<계속>

16 : 00~16 : 30	오후 간식	• 손씻고 간식 먹기 • 간식 먹은 후 제자리에 정리하기
16 : 30~18 : 00	실내 · 외 자유선택활동	• 개별적 혹은 소집단으로 영역에서 준비된 자유선택활동하기 • 옥상놀이, 식물관찰, 모래놀이, 놀이기구 놀이하기
18 : 00~19 : 30	통합보육 및 귀가	• 개별적으로 조용한 놀이를 하면서 부모님이 오시는 대로 귀가하기 • 시청각 자료 감상하기 • 귀가 지도하기

* 출처: 서울시(2005). 유아 보육프로그램, p. 74 참조.

<표 1-15> 만 5세의 하루일과의 예

시 간	주요 일과	주요 활동내용
7 : 30~9 : 00	등원 및 통합보육	• 유아 맞이하기 • 통합활동하기
9 : 00~10 : 30	자유선택활동 및 오전간식	• 개별적 혹은 소집단으로 각 영역에서 준비된 놀이를 선택하여 놀이하기 • 활동 중 자유롭게 손 씻고 간식 먹기
10 : 30~10 : 45	정리정돈 및 화장실 가기	• 정리정돈하고 화장실에 다녀온 후 대 · 소집단 활동을 위한 준비하기
10 : 45~11 : 15	이야기 나누기 · 대집단활동	• 자유선택활동 회상하기 • 주제와 관련된 이야기 나누기 및 동화 듣기
11 : 15~12 : 30	실외 자유선택활동	• 대근육활동, 탐구활동, 물 · 모래놀이활동 등 다양한 놀이하기
12 : 30~13 : 30	손 씻기 및 점심 식사, 이 닦기	• 손 씻기 • 점심식사한 후 이 닦기
13 : 30~14 : 30	휴식 및 낮잠	• 시청각실 혹은 교실에서 휴식 취하기 • 낮잠이 필요한 유아는 낮잠 자기
14 : 30~16 : 30	실내 자유선택활동 및 오후간식	• 오전활동을 연계하거나 확장하는 놀이하기 • 유아를 참여시켜 간식 준비하기
16 : 30~16 : 50	정리정돈 및 화장실가기	• 정리정돈하고 화장실 다녀온 후 실내 · 외 자유선택활동 준비하기

<계속>

16 : 50~18 : 00	실내 · 외 자유선택활동	• 실외로 나가 놀이하기 • 하루일과의 평가와 필요한 날은 평가시간 갖기 • 오전활동의 심화활동, 계획된 프로젝트활동 하기
18 : 00~19 : 30	통합보육 및 귀가	• 개별적으로 조용한 놀이를 하면서 부모님이 오시는 대로 귀가하기

* 출처: 서울시(2005). 유아 보육프로그램, p. 74 참조.

만 4, 5세 유아들과 함께 할 때

▷ 가끔 속옷에 실수를 할 때도 있다.

▷ 자기 의사를 언어로 표현하는 데 유능하나 언어발달이 늦은 유아도 있다.

▷ 다양한 매체와 방법을 활용한 표현활동을 하도록 돕는다.

▷ 유아의 의사가 충분히 반영되게 한다.

▷ 말싸움이나 친구와의 싸움이 많아지고, 그룹으로 놀거나 행동하는 것이 늘어나기 때문에 지도교사에게 잘 물어보고 파악한다.

▷ 어린 동생에 대한 배려나 도와주려는 마음이 생기기도 하지만 약한 아이들에게 힘을 행사할 때도 있다.

▷ 갈등상황에서는 유아들끼리 해결하는지 관찰한 후, 중재가 필요할 때 개입하도록 한다.

* 출처: 秋山律子 外(2004). 保育實習, pp. 46–51.

(4) 장애 영유아 통합보육

통합보육은 장애 영유아와 일반 유아를 단순히 한 장소에 배치하는 것만을 의미하지 않는다. 물리적인 배치만으로는 보육의 성과를 충분히 성취하기 어려우며, 체계적인 노력이 필요하다. 또한 또래 유아들을 통해서 새로운 적응기술을 배우고 그러한 기술을 언제 어떻게 사용할 수 있는지를 모방을 통해서 배울 수가 있다. 장애 영유아는 어린이집 일과 속에서 다양한 활동을 하게 되며, 음식을 먹고 휴식을 갖고 화장실에 가는 등의 일상적인 활동뿐 아니라 또래와 놀잇감을 나누어야 하고 교사의 이야기에 귀 기울여야 하기도 한다. 매일의 일과에 대한 경험은 규칙적인 리듬을 가지고 반복적으로 진행됨으로써 일어날 일과에 대한 예측을 할 수 있도록 한다.

<표 1-16> 장애 통합반 하루일과의 예(만 5세)

시간	주요 일과	활동내용	상황 설명
7 : 30~9 : 00	ㅇ등원 ㅇ혼합연령 ㅇ자유놀이	• 어린이집 찾아오기 • 신발 정리하기 • 인사하기 • 부모와 헤어지기 • 친구와 어울리기	(영유아의 등원시간이 일정치 않음)
9 : 00~10 : 30	ㅇ영역별 활동 ㅇ동일연령	• 놀이영역 선택하기 • 적절한 방법으로 놀기 • 함께 놀이하기 • 제시한 활동 참여해 보기 • 정리하기(활동전이)	교실 내에 마련된 각 영역(블록, 언어, 역할, 조작, 작업, 과학, 간식, 음률 등)을 선택하여 활동하고 주별-일별활동에 참여
10 : 30~11 : 00	ㅇ아침체조 ㅇ음악감상 ㅇ간식	• 바른 자세로 부르기 • 노래에 맞추어 체조 • 조용히 감상하기 • 간식 먹기와 정리하기	즐거운 신체활동을 통해 대근육활동을 돕는다. 정적인 활동과 동적인 활동에 따르기와 간식 지도를 통한 자조능력 기르기에 중점을 둔다. 음악 감상을 통한 예술적 감각을 갖도록 한다.

<계속>

11 : 00~12 : 30	ㅇ교사 주도 집단활동 ㅇ영역별 교육활동	• 교사 지시 이해하고 따르기 • 활동내용 이해하기 • 상호작용하기 • 도구사용하기 • 활동 종료하기	일반적인 유아프로그램에서 장애 아동이 무리 없이 적응할 수 있도록 통합의 방식을 정하고 통합의 효과를 높일 수 있도록 장애전담교사의 개별화 교육이 병행되면 효과적이다.
12 : 30~14 : 00	ㅇ 점심식사 ㅇ 자유놀이	• 화장실 사용하기 • 이동하기 • 순서 기다리기 • 식판 들고 자리가기 • 편식하지 않기 • 식판 정리하기 • 양치질하기 • 놀이에 참가하기	화장실 지도와 식사 지도는 장애아에게 매우 중요한 생활 훈련으로 반복적으로 지도하며, 구체적으로 단계를 나누어 지도하고 또래의 도움도 받아 훈련되도록 배려해 본다.
14 : 00~15 : 30	ㅇ 오후 휴식: 낮잠, 정적인 활동 (책 보기, 음악감상, 동화 듣기 등)	• 화장실 사용하기 • 휴식장소로 이동하기 • 정적 활동하기 • 낮잠 자기	장애 영유아가 휴식을 취할 수 있는 시간의 배려는 건강한 일상 생활을 유지하는 데 매우 중요한 부분이며 필수적이다.
15 : 30~17 : 00	ㅇ오후 간식 ㅇ그룹놀이 ㅇ개별놀이	• 휴식시간에서 전이 • 화장실 사용하기 • 간식 먹기 • 노래 부르기 • 그룹활동에 참가하기 • 개별활동하기(교사와 일대일 상호작용)	낮잠 후 자리 정돈이나 이어지는 일과에 참가할 수 있도록 돕고, 개별적인 과제가 있을 경우 마칠 수 있도록 한다.
17 : 00~19 : 30	ㅇ귀가 지도 ㅇ혼합연령	• 하루일과 정리하기 • 이야기 나누기 • 자기물건 정리하기 • 인사하기 • 교실이동하기 • 보호자 반기기	귀가하는 시간에 대한 인식과 스스로 귀가 준비를 할 수 있도록 돕고, 혼합연령교실로 이동할 때 또래들과 함께 자유놀이에 적극적으로 참여할 수 있도록 돕는다.

* 출처: 서울시(2005). 장애 영유아 보육프로그램, pp. 58-59 참조.

장애 영유아들과 함께 할 때

▷ 장애 유아는 담임교사의 지시나 전달에 집중을 하지 못하고 뒤에 있는 보조교사의 지시에만 반응을 보이다가 보조교사가 없으면 이탈행동을 하기도 한다.

▷ 장애 유아를 지나치게 많이 도와주게 되면, 실습생이나 보조교사의 영향력이 커져서 장애유아는 실습생이나 보조교사에게만 의존하는 경우가 있다.

▷ 지적인 장애를 가진 유아들은 사람들과의 관계를 잘 모르기 때문에 실습생 자신이 스스로 다가가지 않으면, 한 달 동안 한 번도 접촉하지 못하고 끝나는 경우가 있다. 그리고 놀이다운 놀이를 거의 할 수 없기 때문에 간질거나 안고 돌리는 것 등, 스킨십을 많이 하는 방법이 좋다. 이때에 다치지 않도록 충분히 주의를 하는 것도 대단히 중요하다.

▷ 장애에 따라서 접촉을 하지만 특히 언어장애가 있는 유아에게는 노래 등을 통해서 접촉해 보는 것이 좋다. '숫자로 박수치기' '끈을 매고 푸는 게임' 등, 손을 움직여서 박수를 치면서 스킨십이 포함되어 있는 노래와 놀이는 커뮤니케이션을 도모하는 최고의 교재다.

▷ 장애아 통합보육 현장에서 실습할 때에는 실습 중에 메모를 하는 것이 금지되어 있기 때문에 사전에 공부해 두지 않으면 질문도 할 수 없다. 확실히 모르면서 그냥 지나가면 매일 모르는 일만 늘어나서 실습이 괴로워진다. 따라서 장애유아 보육에 대한 지식을 사전에 알아 두면 도움이 된다.

▷ 보고 · 연락 · 상담을 잊지 말자. 영유아들의 상처와 변화, 그 날 하루의 상태 등을 항상 담임교사에게 보고 · 연락 · 상담을 한다.

* 출처: 秋山律子 外(2004). **保育實習**, p. 13.

(5) 방과 후 보육

유치원이나 초등학교 저학년을 대상으로 하며 성인의 보호 없이 지내는 아동을 위험하고 유해한 환경에서 보호하고 학교교육을 보완하는 기능을 갖는다. 따라서 아동의 흥미와 욕구를 충족시키는 활동과 생활지도를 함으로써 아동의 건전한 정서적·사회적 발달을 도모한다. 또한 가정생활에 긍정적인 영향을 주고 또래와의 생활경험을 통해 배려와 나누는 기회를 마련해 준다. 방과 후 아동 보육은 대체로 월요일부터 금요일가지 학교가 끝나는 12시 30분부터 오후 6시까지 운영되고 있다. 기관이나 부모형편에 따라 하원시간은 오후 5시부터 오후 7시까지 운영되며 토요일의 경우 오후 3시까지 융통성 있게 운영된다.

<표 1-17> 방과 후 보육의 하루일과의 예

시간 활동	오전 7시 30분 등원, 실내 자유선택활동
교사는 모든 아동들과 따뜻한 관계를 맺으며 조용하고, 느긋하고, 집과 같은 편안한 분위기를 만들어 준다. 홍미로운 학습영역은 충분히 준비하되, 지나치게 많은 활동을 계획하거나 시간제한을 두지 않는다. 교사는 아동들에게 다양한 학습자료를 제공해 주어 아동들에게 홍미 있는 영역을 선택할 수 있도록 한다.	
시간 활동	오전 7시 50분 손씻기, 아침상 차림 준비하기
교사는 모든 아동들이 손을 씻도록 하고, 상차림을 하도록 도와준다. 시간을 주고 적절히 지도하면 아동들은 자기 식사 준비도 도울 수 있다. 이 시간은 사회화, 즐거운 대화, 식탁에서의 예절시간이 되어야 한다. 아동들은 맛과 냄새를 구별하면서 새로운 음식들이 어떤 계절의 음식인지에 대해 이야기 나눈다.	

<계속>

시간 활동	오전 8시 30분 정리하기
교사는 아동들이 다 먹은 후 정리를 하고, 식탁과 접시를 스펀지로 닦도록 격려한다.	
시간 활동	오전 8시 40분 학교 갈 준비하기
교사는 아동 개개인이 모두 좋은 하루가 되길 바란다고 격려한다.	
시간 활동	오후 12시 45분~1시 15분 초등학교 1학년 아동들의 급식이 이루어진다. 점심 먹기
아동들을 개별적으로 반갑게 맞이한다. 교사는 그 아동들이 학교에서 있었던 일을 말하는 것에 주의를 기울인다. 함께 식사한다.	
시간 활동	오후 1시 15분~2시 30분 휴식
교사는 아동들이 자기들의 매트, 시트, 담요를 펴는 등 휴식준비를 하는 것을 돕는다. 휴식을 취할 수 있도록 조용하고 어두운 조명, 평온한 분위기를 만들어 주는 것이 중요하다. 아동이 잠들지 못하는 경우 퍼즐과 같은 조용한 활동을 준비해 둔다. 휴식 후 교사는 아동들이 천천히 깨어나도록 충분한 시간을 주고, 개별적인 욕구를 충족시킨다.	
시간 활동	오후 2시 30분~3시 15분 간식 및 숙제하기
간식을 먹은 후 아동들이 집에 가기 전에 숙제를 끝마칠 수 있도록 충분한 시간을 준다. 교사가 아동들에게 개별지도와 부수적으로 도움을 줄 수 있도록 해 준다. 숙제가 없거나 빨리 끝냈을 때는 독서나 조용한 활동을 하도록 한다.	
시간 활동	오후 3시 15분~5시 실내·외 자유놀이
학령기 아동은 대근육활동과 왕성한 기운을 쓸 수 있도록 자유시간이 많이 필요하다. 교사는 아동들에게 다양한 놀이 시설과 재료가 있는 비 구조화된 환경 내에서 마음껏 탐구하고 창조할 수 있는 자유를 준다. 아동들이 흥미로워한다면 집단 스포츠나 집단게임을 준비한다. 실내놀이는 새로운 기술, 공작활동, 체육, 견학, 극화놀이를 준비해 둘 수 있다.	
시간 활동	오후 5시 씻고 귀가 준비
교사는 아동들이 새로운 활동을 시도해 보도록 격려해 준다. 하루의 일과를 돌아보며 평가한다. 집에 갈 준비가 되었는지 소지품을 검사한다. 교사는 아동들이 격렬한 실외놀이 활동을 한 뒤에 긴장을 풀도록 한다. 개별적으로 아동과 부모들에게 인사를 하고, 내일의 새로운 활동이나 오늘에 이어 계속되는 활동을 알려 준다.	

* 출처: 서영숙 외(2003). 방과 후 아동지도, pp. 266-267.

방과 후 아동들과 함께 할 때

▷ 가족과 같이 반가운 표정으로 아동을 맞이해야 한다.

▷ 되도록 가정과 같이 안정적이고 따뜻한 분위기를 만들어 주어야 한다.

▷ 다양한 가족형태의 아동들이 오기 때문에 "왜 어머니가 없니?" 등 개인적인 일에 대해서는 직접 아동들에게 물어보지 말아야 한다.

▷ 학습이나 공부에 너무 치중하지 말고 아동의 흥미와 발달에 맞는 활동을 도와주어야 한다.

▷ 지역사회의 자원을 적극 활용한다.

제2장 보육실습의 실제

1. 보육실습 전개과정
2. 보육실습 준비
3. 보육실습 실제
4. 보육실습 평가

1. 보육실습 전개과정

보육실습의 전개는 보육교사 양성기관, 대학, 실습기관에 따라 다양하다. 여기서는 어디까지나 일반적인 예를 소개한다.

〈실습 전〉

대학에서의 지도 ········ 실습지도를 위한 수업
- ○ 실습의 의미, 목적, 과제확인
- ○ 실습일지 · 보육계획안 쓰는 법 등

실습기관 결정 ········ 대학에 따라 결정기준이 다름

실습기관 이해
오리엔테이션 ········ 실습기관의 보육목표나 규칙 등 알아두기

〈실습 중〉

관찰실습 ········ 보육교사들의 보육방법 관찰
- ○ 하루일과, 영유아들의 활동, 환경관찰
- ○ 보육교사의 보조활동

참여실습 ········ 보육교사의 보조역할
- ○ 영유아 이해, 보육활동계획, 운영, 평가참여

수업실습 ········ 부분 수업
- ○ 하루일과의 특정시간 혹은 특정활동 담당

연결수업
- ○ 하루일과에서 두 가지 활동을 연결해서 담당

반나절 또는 종일수업
- ○ 하루(등원~귀가), 종일보육을 담당

〈실습 후〉

실습기관의 평가 ········ 실습기관에서의 평가

대학에서의 평가 ········ 대학에 따라 방법이 다름
- ○ 학교의 사후지도를 받음
- ○ 실습일지, 보고서를 제출
- ○ 실습기관에 감사 편지 보내기

실습생의 평가 ········ 자기의 실습평가, 실습기관의 평가, 실습지도 전반적 평가
- ○ 자기평가와 더불어 다음 실습 또는 유능한 교사되기에 참고하기

<표 2-1> 보육실습기간의 일정

주	보육실습의 일정
1주	관찰(일과 관찰, 영유아관찰, 교사관찰, 환경관찰), 학급 영유아 익히기, 업무 파악하기, 부분수업 계획 및 검토, 교재교구 준비
2주	부분수업 진행 · 수업평가, 연결수업 계획 및 검토, 교재교구 준비, 학급운영 보조
3주	부분수업 · 연결수업의 진행 및 수업평가, 종일 수업계획 및 검토, 학급운영 보조
4주	반나절 또는 종일수업 진행 및 수업평가, 실습 최종평가, 실습자료 정리

2. 보육실습 준비

1) 실습생의 준비

(1) 실습생의 마음가짐

실습은 실습생과 대학의 실습지도교육, 실습 협력기관과 실습지도교사의 밀접한 연계와 신뢰관계에 의해서 실시되어야 한다. 그렇기 때문에 항상 소속하는 대학의 학생으로서 참가하고 있다는 것을 자각하고 있어야만 한다. 또한 보육실습에 임하는 실습생은 실습의 목적을 달성하기 위하여 올바른 마음가짐과 철저한 자기 점검을 해야 한다. 영유아기는 발달이 개별적이고, 환경에 영향을 많이 받으며, 주위 사람들에게도 민감하게 반응하는 시기다. 이 시기의 영유아들은 교사의 언어, 동작, 태도, 성격 등 거의 모든 행동을 모방하려고 한다. 그러므로 보육실습에 앞서 실습생들은 지적 · 신체적 · 정서적으로 바람직한 인간성과 건전한 성격과 가치관을 갖추어야 한다. 실습생으로서 지켜야 하는 기본사항은 다음과 같다(百瀬ユカリ, 2004).

① 예절과 겸손한 마음을 가진다

실습을 하는 동안 항상 예절을 갖추고 겸손한 태도를 지니는 것이 중요하다. 또한 어떠한 경우라도 실습기관의 지도교사의 지시에 따르는 것은 말할 것도 없다. 학교에서의 사전수업의 내용과 현장에서의 지시가 다른 경우는 지도교사의 지시를 우선으로 해야 한다.

② 반갑게 인사한다

밝은 인사는 생활의 기본이다. 가볍게 목례를 하면서 "안녕하세요." "잘 부탁드립니다." 등 밝은 목소리로 상대방에게 확실히 들리도록 인사를 한다. 자기는 인사를 했다고 하더라도 상대방에게 전해지지 않는 경우도 종종 있다. 상대방의 눈을 보면서 확실한 인사를 정성껏 한다. 실습기관에서 무엇인가 부탁을 받았을 때는 "예."라고 대답하고, 곧장 행동으로 옮긴다. 용무가 끝나면 보고하는 것도 잊지 않도록 한다.

③ 목적의식을 가지고 적극적으로 행동한다

실습의 과제를 명확하게 하여 의욕적으로 행동하도록 한다. 모르는 것이 있다면 염려하지 말고 지도교사에게 질문하는 것이 중요하다. 그 날의 의문은 그 날에 해결하는 것이 중요하다.

> 실습하면서 일주일 내내 부분수업과 연결수업 등 많은 수업을 진행해야 했고 급하게 수업준비를 하였기 때문에 준비가 미흡했던 것이 아쉬웠다. 사전에 주제를 미리 알아서 많은 자료를 찾아보고 현장의 정보를 얻어서 준비한다면 안정감 있게 실습을 할 수 있다고 생각한다. 또한 실제수업은 지도교사의 평가를 잘 받기 위해, 실습과정 정도로 여기는 수업이 아닌 진심으로 아이들을 위한 수업을 준비하고 진행해야 한다고 생각한다.
>
> ○○○실습생

④ 실습학생으로서 입장을 잊지 않도록 한다

실습기관은 학교의 의뢰를 받아서 실습을 받아 주고 있다. 실습기관은 일상의 보육만으로도 힘든 가운데, 실습생을 지도하는 것이므로 실습지도가 큰 부담이 될 수 있다. 그렇지만 후배 보육교사를 기르고 싶다는 열의와 노력, 그리고 학교와의 관계로 연결되어 있기 때문에 실습보육교사는 자기 대학을 대표한다는 입장으로 행동해야 한다.

⑤ 사전 허가 · 사후 보고를 한다

자기가 있어야 하는 곳을 이탈하거나 기관의 물건을 사용하는 경우는 지도교사에게 반드시 물어봐야 한다. 일을 부탁 받으면 최선을 다하여 하며, 끝나면 "끝났습니다. 이렇게 하면 됩니까?" 라고 보고를 한다.

또한 바쁘지 않을 때는 "무엇을 하면 되겠습니까?" 라고 묻고, 항상 재빠르게 행동하며, 가만히 있지 않도록 마음을 쓴다. 스스로 알아서 무엇을 할 경우에도 반드시 "~해도 괜찮습니까?" 라고 물어보고, 허락을 받고 나서 하도록 한다.

⑥ 실습일지는 정확하게 기록한다

실습 중에 매일 '실습일지' 를 쓴다. 그리고 그 내용을 지도교사에게 점검을 받는다. 글자를 정중하게 써야 하며, 오자나 탈자가 없도록 하고, 애매한 경우에는 국어사전에서 확인하도록 한다.

⑦ 말씨에 주의한다

실습생으로서 보육시설의 선생님들이 '지도해 주고 있다' 는 감사의 마음을 잊지 않고 있으면 자연 말씨가 정중하게 된다. 또한 실습생도 보육시설 안에서는 선생님으로서 영유아들과 생활하고 있다. 보호자나 손님에 대해서도 실례를 하지 않도록 예의 바르게 행동한다. 그때 '실습생이기 때문에…' 라고 회피하거나, 보육시설의 직원에게 알리지 않고 자기 마음대로 처리하지 않도록 한다. 중요한 전화도 걸려 올 수 있으므로 전화도 마음대로 받지 않으며 직원에게 알린다.

⑧ 시간을 잘 지킨다

시간을 잘 지키는 것은 사회인으로서 기본적인 매너의 하나다. 바쁠 때에는 소요시간을 미리 조사해 두고, 지각하지 않도록 조금 일찍 집에서 나오도록 한다. 부득이한 지각이나 조퇴, 결근을 할 때에는 바로 실습기관과 학교에 연락을 한다. 실습기관의 전화번호와 학교의 전화번호는 항상 휴대한다. 그리고 "미안하게 되었습니다." 라는 말을 넣어서 사정을 확실히 전하도록 한다.

⑨ 위생관리와 건강관리를 철저히 한다

실습은 저항력이 약한 영유아가 대상이다. 그렇기 때문에 평소에 위생적인 생활을 하는 것이 사전준비의 최우선이라고 말할 수 있다. 보통 감기에 잘 걸린다든지, 밤늦게 주로 생활을 해서 아침에 일어나는 것이 괴롭다고 느끼는 사람은 지금부터 생활습관을 고치고, 개선할 수 있는 것은 곧 바로 실행한다. 건강관리를 할 수 없는 사람은 실습을 할 수 없다.

> 실습 시에 몸이 너무 힘들어서 아이들과의 상호작용에 적극적이지 못하였던 점과 교실활동에서도 다리가 아파 앉아서 활동하는 유아에게만 많이 접근했던 것이 아쉽다. 건강을 고려하여 실습 2~3일 전부터 충분한 수면과 휴식을 취하며, 아침을 꼭 챙겨서 먹고 출근하며 실습 때에는 특별한 약속을 잡지 않는 것이 좋다.
>
> ○○○실습생

⑩ 밝은 웃음으로 대한다

실습기관의 영유아들은 부모로부터 떨어져 어딘가 모르게 허전함을 느끼고 있을 때가 많다. 그런 영유아들에게는 자기가 좋아하는 선생님이나 실습생의 웃는 얼굴은 어린이집의 하루생활을 편안한 기분으로 지내게 하는 원동력이 된다. 그러므로 영유아들을 언제나 웃는 얼굴로 밝게 맞이한다. 물론 실습 중에 때로는 기분이 안 좋을 때도 있고 불안하고 피곤할 때도 있다. 그럴 때에도 영유아들을 항상 웃는 얼굴로 맞이하는 것이 중요하다.

> 아이들과 학부모님들을 만나면 웃으면서 인사하고, 항상 밝은 웃음으로 지도교사가 지시하는 것은 "예." 하고 대답하고, 하루의 평가를 할 때도 힘든 내색보다는 웃으면서 대화했을 때 지도교사와의 관계도 좋았다.
>
> ○○○실습생

⑪ 실습생도 '선생님' 이다

실습생도 영유아들에게 '선생님' 이다. 영유아들은 보육교사의 말투나 태도, 몸짓 등을 그대로 받아들이고 있다. 그리고 그것은 그대로 영유아들의 행동이나 말씨에 반영되고 있다. 실습생의 행동이나 말씨가 영유아들에게 커다란 영향을 주고 있다는 것을 잊지 말아야 한다.

> 교사의 태도나 어투가 유아들에게 영향을 미치고 있는 것이 놀이에서 드러났다. 유아

들이 언어영역에서 선생님 놀이를 하는데 선생님이 말한 어조와 단어를 고스란히 쓰면서 선생님 놀이를 하는 것이다. 유아들이 교사의 태도를 모방하는 것을 보고 깜작 놀랐다. 나는 유아들에게 교사의 생각과 태도가 얼마나 중요하게 영향을 미치는지 알게 되었고 교사로서 나의 태도를 돌아보게 되었다.

○○○실습생

(2) 실습생의 용모

실습 중의 복장과 준비물

<복장>

- 활동하기 쉬운 것
- 청결할 것
- 화장, 긴 머리, 손톱 등 단정하게 할 것
- 어린이집의 사전 지시를 따를 것

<준비물>

- 기본 준비물–앞치마, 이름표
- 간단한 필기도구–수첩, 볼펜
- 순간순간 상황 저장에 용이한 도구–카메라, 녹음기(시설의 방침에 따른다.)
- 영유아에게 줄 격려의 선물들–주머니에 여분의 스티커, 도장 등

(3) 근무시간에 지켜야 할 사항

실습생의 근무지침

① 실습기간 중 대학의 학칙은 물론 실습기관의 규정과 지시에 따른다.
② 실습실시 전에 실습기관을 방문하여 사전지도를 받는다.
③ 실습생은 무단으로 결근, 조퇴, 외출, 지각을 해서는 안 되며, 불가피한 경우에는 사전에 실습기관에 사유서를 제출하여 허락을 받는다.
④ 출퇴근 시간을 지키며 가능한 보육교사보다 먼저 출근하고 나중에 퇴근한다는 자세를 갖는다.
⑤ 실습 보육시설의 보육운영 방침을 이해하고, 협력하는 태도를 갖는다.
⑥ 실습보육기관의 서류, 시설, 부품 등을 사용하고자 할 경우에는 담당자의 허가를 받은 다음에 사용하며, 사용 후에는 분명하게 반환한다.
⑦ 간식이나 식사시간, 자유놀이 시간에는 유아들과 함께 지내도록 한다.
⑧ 실습생은 배우는 자로서의 예의와 예절을 갖춘다.
⑨ 실습일지는 매일 기록하여 지도교사에게 제출한다.
⑩ 자기가 맡은 일이나 영유아와의 약속은 책임 있게 지켜야 한다.
⑪ 실습기관 내에서 자신의 의견을 밝히고자 할 때 의사소통의 계통을 지킨다.
⑫ 실습기간의 제반 연구 과제를 종합하여 보고서를 작성, 제출하도록 한다.
⑬ 보육시설의 기밀, 지도교사, 원장의 사적인 내용, 영유아와 가정에 대한 사항을 외부에 이야기해서는 안 된다.
⑭ 실습생은 어린 유아와 활동기간에 특히 건강과 위생에 관심을 갖는다.
⑮ 실습기간 동안 보육교사로서의 품위를 지킨다.
⑯ 실습생과 실습생, 실습생과 영유아, 실습생과 지도교사 간에는 표준말과 존대어를 사용한다.
⑰ 실습생 상호간은 서로 존중하며 성공적인 실습을 위해 협력한다.

(4) 실습기관이 정해지면 해야 할 일

실습보육교사는 어디에서 실습을 하게 될지, 어떤 실습기관에 배치될지, 궁금하고 마음이 쓰이게 된다. 실습기관의 결정은 학교의 실습에 대한 방침, 실습의 종류, 교육과정 등에 따라서 정하는 것이 다양하다. 각자의 학교에서 학교 내의 규정에 근거하여, 설명을 하기 때문에 잘 듣고 결정방법에 대해서 본인이 이해한 뒤에 실습준비를 한다.

① 실습보육시설 사전방문

보육실습이 이루어지기 전 실습생은 자신이 실습하게 될 보육시설을 미리 방문하여 시설장으로부터, 실습 전 오리엔테이션을 받고 시설 종사자들과 인사를 나누는 것이 좋다. 시설방문은 실습 전 3~7일 사이가 좋으며, 보육시설의 일정에 맞추어 행사 등으로 분주하지 않는 날로 택하여 시설장이 있을 때 방문하는 것이 좋다. 방문하기 전에 전화나 서신으로 미리 예고를 해 두어 사전허락을 받는 것이 좋다.

보육시설을 방문하여 다음의 내용들을 미리 파악해 두는 것이 실습에 많은 도움이 된다.

- 실습기관의 위치와 교통편
- 원장, 지도교사, 시설 종사자의 이름과 역할, 각 개인의 대략적인 성격
- 학급별 · 연령별 · 성별 영유아의 수
- 실습하게 될 학급의 이름과 원아 명단
- 어린이집 주변의 주요시설 및 환경
- 일일보육계획안, 주간, 월간, 연간 보육계획안, 특별활동
- 실습기관의 연혁, 설립목적, 교육철학, 이념이 담긴 내용
- 실습기관 건물배치도 및 교실(보육실) 평면도
- 영유아 평가지 양식 등

영유아와 관계 맺기

① 영유아와의 관계는 어디까지나 교육적이어야 하며, 특정한 원아에 대한 편견이나 가정방문 등은 허용되지 않는다.
② 어떤 이유에서든 영유아에게 체벌을 가해서는 안 된다. 체벌 이외의 어떤 벌도 지도교사와 상의를 해야 한다.
③ 영유아에 대해서 잘 알아야 한다(이름, 특성, 장애아, 문제행동 등).
④ 중요한 문제는 지도교사와 상의해야 한다.
⑤ 영유아를 지도할 경우에는 항상 사랑으로 대하고, 각자 영유아들의 개성을 존중해야 한다.
⑥ 영유아에게 본보기가 되는 생활태도를 가져야 한다.

실습기관에서 실습보육교사에게 기대하는 것

(1) 이런 것을 살펴 주세요!!

① 놀이하고 있는 아이를 잘 살펴보세요.

실습은 보육지침 등과 비추어 영유아의 연령적인 특징을 이해하는 좋은 경험이다.

② 아이들의 표정이나 몸짓, 시선을 잘 살펴보세요.

아이의 생각이나 마음을 잘 살피고 읽어, 그 상황과 장소에 어울리는 적절한 대화를 나누도록 한다. 또한 하루에 한 번 모든 아이의 이름을 불러 준다.

③ '왜' '어째서' 에 관심을 두고, 보육교사로서 아이들의 관계를 잘 살펴보세요.

아이들이 어리면 어릴수록 무엇을 말하고 있는지 잘 모르는 것이 많이 있다. 예를 들면, 싸움이 벌어졌을 때, 어떤 말을 해야 좋을지? 울고 있을 때, 왜 우는지?

(2) 이런 것을 조심하세요!!

④ 필요한 인사를 생략하지 말고 꼭 하도록 하세요.

"안녕하세요?" "고맙습니다." "먼저 실례하겠습니다." "잘 부탁드립니다." 등 정성스럽게 인사를 한다. 특히, 빌린 물건은 반드시 고맙다는 인사를 하고 돌려주는 것이 중요하다.

⑤ 실습 중의 실수는 긍정적으로 생각하세요.

그때 그때마다 지도교사와 상담하고 실습을 되돌아본다. 그리고 마음을 가다듬어 다음날 실습에 도움이 되게 하는 것이 중요하다. 아이들은 하루하루 성장하고 새로운 모습을 보여 준다. 잘하지 못해도 위축되지 않도록 주의한다. '보육교사는 힘들지만 아주 근사한 일이다.' 라고 느끼도록 스스로 어린이집의 분위기에 적응하도록 노력한다.

⑥ 앉을 때 조심하세요.

어린이집에서 "선생님! 다리, 조심하세요…." 라고 주의를 당부하는 일이 종종 있다. 일상적으로 몸가짐을 조심하는 것이 중요하다. 실습생은 아이들의 선배이자 성인이므로 문화를 전하는 선생님으로서 스스로 행동을 조심한다.

출처: 秋山子 外(2004). *保育實習*, pp. 14-15 참조.

2) 대학에서의 준비

(1) 보육실습 계획과 시기 결정

보육실습 시기는 학교의 교육과정, 보육시설의 상황, 보육실습생의 요구 등 여러 가지 요인을 고려하여 결정하는 것이 바람직하다. 대부분 보육실습은 4주에 걸쳐 이루어지는데 학기 중에 4주를 연속으로 시행하거나 경우에 따라서는 대학의 방학을 이용하여 7, 8월이나 1, 2월을 선정하기도 한다. 4주 동안의 실습 내용은 주로 1주에는 관찰실습, 2~3주는 참여실습으로 하루에 한 가지씩 활동을 하는 부분수업과 두 가지를 연결해서 하는 수업을 실시하고, 4주째에는 수업실습으로 하루 종일 일과를 계획하고, 실행하는 반일 또는 종일수업을 하는 방법으로 계획된다.

대학에서 실습준비 및 사전지도 내용은 다음과 같다.

- 보육실습에 관한 규칙을 만든다.
- 보육실습에 대한 연간 계획서를 작성한다.
- 보육실습과 관련된 안내서, 자료를 작성한다.
- 실습생에 대한 사전지도, 기간 중 지도, 사후지도 내용을 검토한다.
- 실습기관을 선정하고 위촉한다.
- 실습기관의 원장 및 지도교사와 실습에 관하여 사전협의를 한다.
- 보육실습생 실태 파악과 자료를 수집한다.
- 보육실습생 사전지도(오리엔테이션)를 한다.

(2) 실습기관 선정

보육실습이 교사교육과정에서 차지하는 중요성을 고려할 때 실습기관과 실습지도교사의 선정은 매우 중요하다. 특히 보육시설 선정 시 우수한 보육프로그램을 실행하고, 물리적인 환경과 인적인 환경이 바람직하게 구성되어 있는 보육시설이 중요하다. 또한 실습생이 거주하는 지역과 가까운 지역의 보육시설에 대한 정보를 많이 가지고 있어야 한다. 이러한 정보를 바탕으로 바람직한 실습 보육시설을 섭외, 의뢰하는 과정이 필요하다. 이러한 과정은 충분한 시간을 두고 준비하는 것이 좋으며, 그 과정(전남련, 2002)을 구체적으로 살펴보면 다음과 같다.

- 각 지역의 보육시설에 관한 정보를 파악한다(시, 군, 구청 가정복지과, 사회복지과, 보육시설연합회, 보육정보센터, 시설의 원장 등을 통해 정보를 얻을 수 있다).
- 실습생이 희망하는 실습기관의 유형과 실습생의 거주지를 확인한다.
- 실습생과 실습예정 된 실습기관에 대해(유형, 위치, 학급 등) 지도교수와 상의한다.

- 해당 보육시설에 실습 사전의뢰를 한다(공문서 발송).
- 실습의뢰 보육시설로부터 회신을 확인한다.
- 실습보육시설을 최종 결정한다(각 보육시설별 실습 가능한 인원을 확인한다).

또한 실습기관을 선정할 때에는 질 높은 보육을 수행하고 있는지 또는 실습생을 잘 지도할 수 있는 풍부한 경험을 겸비하고 있는 교사가 있는지에 대하여 알아보아야 한다. 이를 위해서는 실습기관에 대한 구체적이고 객관적인 기준을 설정하고, 이 기준에 따라 실습기관과 실습지도교사의 자질을 신중히 평가 검토한 뒤 기준에 적합한 실습기관을 선정하는 것이 바람직하다. 이에 따라 실습기관의 여러 가지 조건을 고려하는 내용을 살펴보면 다음과 같다.

- 실습기관의 위치, 거리, 교통
- 실습기관의 규모, 환경
- 실습기관의 철학 및 교육 프로그램
- 시설장의 교육관
- 실습지도교사의 학력 및 경력
- 취업가능 여부

(3) 실습지 배정

보육실습기관의 배정은 대학의 규정에 따라 다르다. 그러나 일반적으로 선정된 보육실습기관의 지역별 명단과 유형, 실습 가능 인원을 학생들에게 알려 주고 실습지를 배정한다. 배정 방법은 지도교수가 일임하여 학생의 거주지역과 교우관계 등을 고려하여 배정할 수도 있고, 학생들에게 스스로 선택의 기회를 주기도 한다. 학생들은 자신이 희망하는 보육시설의 유형이나 거주지역과의 거리를 고려하여 실습지를 정한다. 실습지 배정 희망표를 다음과 같이 만들어 학생들이 우선적으로 실습을 희망하는 보육시설을 기록하게 한 다음 최종적으로는 지도교수가 이를 조정하여 확정한다.

<표 2-2> 실습지 배정 희망표

보육 시설명	시설 유형	주 소	실습희망자 이름	학 번	연락처 (전화번호)

(4) 서류작성 및 발송

실습을 의뢰하는 각 보육시설에 실습생을 위탁한다는 협조 공문을 보내고, 실습에 필요한 제반 서류(실습 배정자 명단, 실습생의 신상소개소, 실습지도계획서, 실습생 평가서, 실습결과 보고서, 실습지도비 영수증)를 준비하여 실습 보육시설에 보내게 된다. 서류는 적어도 실습이 시작되기 2주 전에 도착하여야 하며, 실습생이 사전에 실습지를 방문할 경우에 서류를 보내는 방법도 있다.

(5) 실습생 오리엔테이션

실습생에 대한 사전지도는 대학에 따라 다소 차이가 있으나 대부분은 실습이 시작되기 2~3주 전에 이루어지는 것이 바람직하다. 실습이전에 사전지도를 하는 것은 실습을 위해 실습생이 그 동안 준비해 온 것들을 다시 한 번 재점검해 보게 하는 데 그 목적이 있다. 따라서 사전교육을 통해서 학생들의 심리적인 불안을 해소시켜 주고, 교사로서의 태도나 복장, 자세, 인간관계에 대한 기술을 강조하여 교사로서의 사명감과 책임감을 가질 수 있도록 한다. 이러한 오리엔테이션은 대학과 실습기관 양쪽에서 이루어진다. 실습생 오리엔테이션의 주요 내용은 다음과 같다.

- 실습에 대한 목표, 과정 및 내용
- 실습생의 역할과 자세
- 실습기관 사전방문 시 준비사항
- 실습일지의 작성방법
- 실습기관 상황 소개
- 보육계획안 작성 방법
- 실습기관 중에 필요한 급식비, 교재비 등(개인적으로)
- 실습에 필요한 구체적인 지침(실습 중의 복장, 출 · 퇴근 시각) 등

실습생들은 실습기관에서도 오리엔테이션(사전지도)을 받는다. 여기서부터 실습이 시작된다고 마음의 준비를 한다. 오리엔테이션의 일시에 대해서는 실습 2주일 전쯤에 실습기관에 전화로 연락해서 지시를 받아 둔다. 여러 명의 실습생이 같은 기관에서 실습을 하는 경우, 실습생 중 대표를 한 사람 정해서 실습기관과 연락하여 정보를 전달받도록 한다.

오리엔테이션에서 주의를 기울여야 할 것

실습 직전의 중요한 사전지도다. 실습기관에 처음 가기 때문에 좋은 인상을 주는 것이 바람직하다.

① 당일은 화려하지 않고 청결한 복장(흑색이나 감색 등의 정장이 좋다)으로 한다.
② 시간엄수는 말할 것도 없다.
③ 청결감과 밝은 호감을 갖고 있도록 몸단장을 충분히 배려한다(특히 모발, 화장, 손톱 등).
④ 인사나 말씨 등에도 조심하고 사회인으로서의 자각을 가지고 행동한다.
⑤ 너무 긴장하지 말고 밝고 명랑하게 행동한다.

(6) 실습기관과 사전협력

학교에서는 효율적이고 체계적인 실습 지도를 위해 실습기관에 보육실습에 대한 계획을 사전에 알려서 학교와 실습기관이 협력하여 실습지도가 원활할 수 있도록 한

다. 보육실습에 대한 계획은 학교에서 준비한 '시설장 실습지도 오리엔테이션' 을 통해 전달하거나, 실습기관에 우편 또는 e-메일을 통해 전달할 수도 있으며, 실습생이 실습기관을 사전 방문할 때 전달할 수도 있다. 보육실습에 대한 계획은 실습기관에서 실습생 지도를 위한 지침으로 참고할 수 있으며 내용은 다음과 같다.

보육실습 지도계획

① 실습기간, 실습대상자 선정
② 보육실습 목표
③ 보육실습의 일정(관찰실습, 참여실습, 수업실습에 대한 수업계획)
④ 보육실습의 내용(물리적 환경, 영유아 관찰, 수업관찰, 상호작용, 영유아 지도, 교재교구 자료 준비, 수업계획, 교육활동 수행, 학급운영 방법 경험)
⑤ 보육실습생의 근무 지침
⑥ 보육실습일지 양식, 기록방법

(7) 지도교수의 실습기관 방문

보육실습생이 실습기간 동안 지도교수의 보육시설 방문은 여러 가지 면에서 중요한 의미를 갖는다. 실습지도교수의 실습기관 방문은 실습지도교사에게 실습생의 배경, 현장실습의 준비상태, 특기, 재능 등 중요한 장점을 상세하게 알려 주어 지도교사를 도울 수 있다. 또한 지도교사는 보육시설의 상황이나 실습생의 현장실습 상황을 지도교수에게 알려 줌으로써 실습지도를 도울 수 있다. 이것은 보육실습 후에 전개되는 종합평가 및 추후지도에도 유용한 자료가 될 수 있다.

실습지도교수의 방문은 실습을 하는 데 있어서 이론과 실제의 차이에서 생기는 문제나 실습에서 야기될 수 있는 여러 가지 문제해결에 도움을 줄 수 있으며, 실습생에게는 실습에 대한 책임감을 느끼게 하고, 격려를 통하여 실습을 효과적으로 할 수 있게 된다. 또한 지도교수는 보육시설을 방문함으로써 보육시설의 특성이나 유형, 교육철학, 설립목적 등을 알 수 있어, 추후 실습생을 배정하는 데 도움을 줄 수 있다.

3) 실습기관의 준비

대학에서 보육시설에 보육실습을 의뢰가 있을 경우, 보육시설의 사정을 고려하여 실습을 정한다. 대부분의 보육시설이 실습생을 받는 것의 장단점을 느끼고 있다. 가장 큰 장점은 부족한 인력을 보완한다는 의미에서 실습생을 환영하고 있으며, 예비 보육교사 양성이라는 후배 양성을 위해 실습생을 받고 있다. 또한 새로운 보육이론과 정보, 새롭고 참신한 아이디어를 실습생을 통해 얻을 수 있으며, 영유아들에게도 신선한 느낌을 줄 수 있다. 반대로 단점은 준비가 부족한 실습생에 의한 보육활동은 정상적인 보육활동에 지장을 초래하고, 보육과정 운영을 어렵게 할 수 있다. 따라서 보육시설에서는 어린이집의 운영 방침에 따른 지침사항을 실습생에게 전달하고 학교와의 협력 하에 실습생 지도에 임해야 한다.

(1) 실습지도 자료 준비 및 계획

보육시설에서 시설장이나 지도교사들은 실습생의 실습지도를 통해 미래의 능력 있는 영유아 보육전문가를 양성하는 일에 기여한다는 마음가짐으로 적극적으로 보육실습지도에 임하여야 한다. 실습기관에서 준비해야 하는 것은 다음과 같다.

- 보육실습 의뢰서 및 공문서류 보관
- 보육실습에 관한 규칙 및 지침 마련
- 보육실습에 대한 운영 및 지도계획(보육실습 일정표, 주간, 월간, 연간 교육계획안, 하루 일과표)
- 보육실습 운영 안내 및 자료 배부(보육시설의 설립목적, 연혁, 보육철학, 원훈, 어린이집 현황, 건물 배치도, 놀이 영역 평면도, 종사자 명단)
- 보육실습에 대비한 자료와 시설의 정비 및 보완
- 보육실습생 오리엔테이션용 자료(실습생의 준수사항 및 지침)
- 이전 보육실습생들의 보육계획안 및 자료 보관

실습생 교육지침 시 유의사항

① 기관에 대한 좋은 이미지를 가질 수 있도록 유의한다.
② 일과 시작 전 오늘 일어날 활동에 대한 안내를 해 주고 낮잠시간이나 일과 후에 하루의 일과를 평가하도록 한 후에 조언을 준다.
③ 보육교사가 항상 관찰받고 있음을 유의하며 좋은 교사 역할의 모델이 되도록 한다.
④ 실습생 혼자만 영아들과 있지 않도록 하고 부득이한 경우 이유와 행동지침을 설명해 준다.
⑤ 실습일지의 교사평가는 전문적 용어로 자세히 기술하고 영유아의 관찰에 있어서는 특별히 관찰할 거리를 제시해 준다.
⑥ 보육계획안은 반드시 미리 내도록 하고 활동 전에 유의사항에 대해 사전평가를 해 주고 활동 후에 실습생 본인의 평가를 기록하게 한 후에 사후평가를 해 준다.
⑦ 실습생의 활동교구는 다시 이용할 수 있도록 활동카드를 작성해서 함께 내도록 한다.

*출처: 서울시(2005). 보육시설의 설치와 운영, pp. 163 참조.

(2) 실습에 대한 시설장의 역할

실습과 관련하여 시설장은 학교 측과 협의 하에 실습이 원활하게 이루어지도록 보육시설에 대한 지도와 감독 및 평가에서 총괄적인 감독의 역할을 수행한다. 실습에서 시설장은 실습생이 인격적인 존중을 받으면서도 능력 있는 보육교사로 성장할 수 있는 바람직한 교수-학습상황을 만들어 줄 수 있어야 한다. 전체적인 분위기를 우호적이면서도 일관적이며 민주적으로 이끌어 가는 것은 시설장의 중요한 지도력이다. 이러한 분위기 속에서 실습을 하는 실습생들은 미래에 바람직한 교사가 되고자 하는 꿈을 갖게 되고 좋은 경험으로 실습을 인식하게 된다. 실습과 관련된 시설장의 구체적인 역할은 다음과 같다.

① 실습에 대한 전반적인 계획

대학 측의 실습 의뢰가 공문형식의 절차에 의해 시기와 내용이 결정되면 시설장은 대학 측과 실습 계획을 협의하여 실습이 충실히 수행될 수 있도록 계획하고 보육시설 종사자, 학부모 및 원아 등 관계자의 이해와 협조를 구한다. 실습에 대비하여 시설 및 자료를 정비 · 보완함으로써 실습이 원활히 이루어지도록 준비하고 실습생들이 기관을 방문하여 기관의 보육철학과 운영방침 등을 오리엔테이션 받을 수 있도록 한다. 오리엔테이션에서는 실습생 준수사항과 보육실습일정 안내, 보육실습의 내용 등을 소개하고 일과운영에 있어서 보육실습생의 역할, 즉 일상적 생활지도에 대해서도 설명한다.

② 실습지도교사의 선정

실습생을 위한 보육실습 지도교사의 선정은 대부분 원장이 정한다. 원장은 보육실습의 중요성을 깊이 이해하고, 보육시설에서 가장 유능하고, 영유아보육 현장 경험이 풍부하며, 보육교사직에 대한 분명한 신념과 태도를 지니고, 영유아들을 사랑하고, 성실하고 인격적으로 성숙한 교사를 확보하여 이를 지도교사로 배치할 수 있어야 한다. 또한 1급 보육교사 자격을 가진 지도교사에게 실습지도를 하도록 배정하고 실습일지의 작성과 영유아보육을 보조하도록 하여 실질적인 훈련기간이 될 수 있도록 한다.

(3) 실습지도교사의 역할

보육시설에서 보육교사는 부모를 대신하는 중요한 존재로서 하루 중 많은 시간을 보육시설에서 지내는 영유아에게 보육교사는 심리적 안정감을 바탕으로 기본적 욕구를 충족시켜 주는 양육자인 동시에 영유아의 학습과 발달을 돕는 교육자의 역할을 한다. 그러므로 보육교사는 영유아를 사랑하는 따뜻한 마음을 지니고 있는 신체적, 정신적으로 건강한 사람이어야 하며, 부모와 가족, 동료교사와 직원 등 다양한 성인들과 원만한 인간관계를 유지할 수 있어야 한다. 또한 자기발전을 위해 항상 자신의 분야에 대해 연구하는 자세를 지녀야 한다. 이러한 보육교사의 역할은 실습지도를 통하여 전달되며 실습생이 잘 배울 수 있도록 본보기가 되어야 한다. 실습지도교사의 역할을 소개하면 다음과 같다.

- 실습지도교사는 좋은 보육교사의 모델이 되도록 한다.
- 실습기간 동안 실습생이 경험할 내용과 그에 따른 지도에 대해 계획한다.
- 실습생에게 일과 진행에 대해 설명하고, 적절한 안내를 한다.
- 실습기간 동안 실습생의 행동, 태도 등을 관찰하여 평가 · 지도한다.
- 실습생 평가 시는 실습생의 학급 경험과 관련하여 전문적인 용어를 제시하고 지도한다.
- 실습생들이 작성한 활동계획안을 사전에 검토하며 필요한 제안을 해 준다.

- 실습생이 작성한 보육일지, 영유아 관찰, 자료준비 등을 지도하고 평가한다.
- 보육교사로서 갖추어야 할 능력, 태도 및 인간관계의 모범을 보인다.
- 실습지도교사는 보육 전문가로서 연구하고 실천하는 자세를 보여 준다.
- 실습생들이 융통성 있고, 개방적인 태도를 갖도록 격려한다.

실습생의 일일평가와 지도교사의 조언의 예 1

실습생의 일일평가	아이들이 집에서 가져오는 장난감이나 책, 먹을거리는 어떻게 지도해야 할지 모르겠다. 어제 한 아이가 집에서 신문지로 만든 칼을 가져와서 한참을 가지고 놀더니 오늘은 다른 아이가 그 모습이 부러웠는지 집에서 신문을 가져와 탈을 만들기 시작한다. 또한 지난번에는 집에서 가져온 초콜릿을 수업 중간 친구들에게 몰래몰래 보여 주고 자랑해서 이야기 나누기 시간의 분위기가 흐려지기도 했다. 교사의 입장에서 이러한 행동을 어떻게 지도해야 할지 궁금하다.
지도교사의 조언	우리 반에서는 기본적으로 가정에서 놀잇감이나 음식물을 가져오지 않도록 하고 있습니다. 놀잇감의 경우에는 유아가 매우 좋아하는 것이므로 관심이 그곳으로 집중되어 어린이집에서의 교육활동을 경험하지 못하게 되기도 하고, 분실 및 파손에 대한 우려도 있기 때문입니다. 사전에 이야기를 나누었고, 수시로 언급하고 있지만 몇몇 유아의 경우 이러한 약속을 잘 지키지 못하는 경우가 종종 있습니다. 이런 경우에는 그 유아에게 다시 한 번 이야기를 하고 개인장에 넣은 후 하원 시 가져가도록 하거나, 이 역시 잘 지켜지지 않는 경우에는 교사가 보관 후 하원 시 돌려주도록 하고 있습니다. 또는, 교육활동에 방해가 되지 않고, 다른 유아들과 공유하겠다고 한 경우에는 일정 기간 동안 교실에 두고 함께 사용하기도 하며, 교실활동 시에는 개인장에 보관하였다가 실외놀이 때 사용하기도 합니다. 음식물의 경우에는 이른 등원시간으로 인해 아침식사 대용으로 가져왔을 때는 사무실에서 먹은 후 교실로 올라오도록 하고 있으며, 그 외의 과자류를 가져온 경우에는 개인장에 넣은 후 하원 시 돌려보내고, 부모님께서 간식용으로 보내주신 경우에는 교사가 보관 후 식사나 실외놀이 시 나누어 먹도록 하고 있습니다. 활동시간에 개인장이나 주머니에서 꺼내어 먹는 경우에는 단호히 이야기한 후 교사가 보관하여 하원 시 돌려보내고 가정에도 협조를 다시 한 번 부탁드리고 있습니다.

실습생의 일일평가와 지도교사의 조언의 예 2

실습생의 일일평가	미술영역에서 탈것을 입체적으로 꾸며 보는 활동에서 아이들은 간단한 폐품을 활용하여 만들기를 진행하였다. 사진에서 보이는 탈것을 주의 깊게 관찰하여 세밀한 것까지 신중히 생각하고 자신의 만들기에 응용하는 모습을 보였다. 지붕을 뽕뽕이를 이용하여 만드는 아이도 있었고 자동차의 와이퍼를 잊지 않고 구성하는 친구들도 보면서 풍부한 창의력과 어떤 아이도 똑같이 정형화되어 생각하지 않음을 새삼 느꼈다. 대 · 소집단에서 진행한 게임에서는 아이들이 규칙을 정하고 나름대로 게임의 방법을 터득해 나가는 모습을 볼 수 있었다. 그러나 게임이 더 진행될수록 감정이 약간 격해지는 것을 볼 수 있었다. 이러한 때에 교사로서 아이들을 어떻게 지도해야 하는지 주의 깊게 관찰하였다. 함께 큰 소리를 내는 것보다는 잠시 한 템포 쉬게 하면서 감정을 다스리게 할 필요가 있다는 생각을 했다.
지도교사의 조언	먼저 게임을 끝낸 유아들은 마지막 유아가 게임을 끝낼 때까지 오랜 시간을 기다려야 합니다. 그래서 자리 이동을 하기도 하고, 옆의 친구와 장난을 치는 등 분위기가 산만해질 때가 있습니다. 그래서 게임 중간중간에 주의를 환기시키는 것이 중요합니다. 팀 별로 응원을 한다든가, 점수제를 도입해서 질서를 잘 지키는 팀에게 점수를 주는 등의 방법을 사용합니다. 게임 중간에 한 템포를 쉬게 하는 방법도 좋은 방법입니다. 단, 게임의 연결이 끊어지지 않도록 하고 너무 길게 하지 않는 것이 좋습니다.

이것만 할 수 있으면 GO!!

(1) 실습의 목적을 이해한다

보육이 어떤 것인지를 배우는 기회로서 이론과 실천이 맺어지는 중요한 실습이다.

① 영유아의 모습을 안다.
② 보육자의 역할과 직무를 이해한다.
③ 보육기술을 습득한다.
④ 실습 후, 학습의 목표나 의욕을 가진다.
⑤ 보육의 의무와 역할을 안다.
⑥ 보육수요(뉴스)의 다양성을 알고(보육시간의 연장, 장애아보육, 산후조리보육, 긴급일시보육, 직장보육 등) 진로에 도움을 받는다.

(2) 유치원과 어린이집이 어떻게 다른지를 이해한다

실습 어린이집의 보육 목적을 복사하여 외워 두거나 영유아보육법, 아동복지법, 아동복지시설 최저기준, 아동헌장, 보육지침 등은 복사하여 실습노트에 모아 둔다.

(3) 오리엔테이션 때에는 실습 전용노트를 만들어 간다

실습에 대한 자료 등을 읽고 의문점은 질문할 수 있도록 한다. 나중에 친구의 노트를 빌리는 등, 다른 사람들의 것을 사용하는 것은 통용되지 않기 때문이다.

(4) 자기 나름의 실습과제를 명확하게 한다

오리엔테이션에 참가하여 자신의 과제를 생각해 둔다. 예를 들면,

① 연령별 식사지도 방법
② 낮잠 지도는 이렇게!
③ 배변을 스스로 하게 하려면?

(5) 건강관리를 잘한다

예를 들면, 치아의 치료는 미리 해 둔다. 실습 중 피곤하거나, 잠이 부족하면 몸의 약한 부분이 병이 난다. 아르바이트는 되도록 일주일 전에 그만둔다.

(6) 실습기관에 오리엔테이션을 의뢰하는 전화는 미리 한다

전화하는 것부터가 이미 실습의 시작이다. 시간은 오전 10시부터 오후 4시 정도 사이가 적당하다. 일정을 정할 때는 자신의 사정만을 말하지 말고, 정해지면 반드시 "○월 ○일 ○요일 ○시에 뵙겠습니다."라고 인사를 한다. 전화할 때는 뒤에서 하는 작은 소리까지도 잘 들리므로 조심해야 한다.

(7) 실습 전에 마음의 준비를 한다

상냥한 당신! 신경질이 생기지는 않는지? 불안해서 식욕 없고, 잠이 오지 않고, 건강이

나빠졌다는 사람도 많이 있다. 잠이 오지 않을 때에는 귀여운 영유아들과 함께 있다는 자부심을 갖는다. 그리고 즐거웠던 일을 생각해 보도록 한다.

(8) 놀이 준비를 많이 해 둔다

영유아들과 대화는 놀이가 들어간 것이 제일이다. 손유희, 동화, 재활용 소재를 이용한 완구, 앞치마, 손가락 인형, 손구슬 등 사전에 미리 만들거나 기억해 둔다. 손으로 만든 놀잇감을 사용하여 재미있는 놀이를 영유아들과 함께 만들어 간다면 더욱 좋다.

(9) 사회인으로서의 매너는 몸에 익숙해 있어야 한다

지각 · 조퇴 · 결석을 하지 않도록 하고, 붐비는 시간을 고려하여 조금 일찍 출근한다. 부득이하게 지각이나 결석을 할 경우에는 실습기관과 학교에 곧장 연락하고, 되도록 본인이 연락을 하며 사정을 확실하게 전한다.

밝은 인사는 생활의 기본, 상대에게 말이 잘 들리도록 어미까지 확실히 말한다. 불렀을 때, 무엇인가 부탁을 받았을 때, "예."라고 대답하고 곧장 행동으로 옮긴다. 용무가 끝나면 보고는 잊지 않으며 자기 장소를 이탈할 때는 지도교사에게 미리 알린다.

(10) 영유아들의 눈높이에 맞추어 이야기한다

영유아들의 이름을 빨리 외워 둔다. 좀 둥근 얼굴, 긴 머리, 몸집이 작은 영유아 등 특징과 연결하면 외우기 쉽다. 하지만 영유아들을 막 부르는 것은 좋지 않다. 영유아들과 접촉할 때는 잘 놀아 주고 눈높이를 맞춘다. 편애하지 않으며, 말을 걸 때는 자연스럽고 밝게, 유머를 가지고 다가간다.

메모하는 것에만 신경을 쓰면 영유아들의 좋은 점이 보이지 않게 된다. 가장 중요한 것은 안전에 대한 배려다. 자기가 영유아를 보고 있을 때, 영유아가 상처를 입었다면 작은 상처라도 반드시 담임교사에게 보고한다.

(11) 실습할 때 영유아들로부터 배운다는 자세를 잊지 않도록 한다

관찰실습이 끝나면 보조교사로서 일부분을 수행하게 되지만 영유아들로부터 배운다는 자세는 잊지 말아야 한다. 신기한 실습생에게 영유아들은 늘 주목하고 있다. 그리고 실습생이 하는 것을 영유아들은 곧 바로 따라 할 수 있으므로 모범을 보여야 한다. 부모님과 손님에게는 어린이집의 교사처럼 맞이하는 태도로 예의를 갖춘다. '실습생이기 때문에…' 라고 미리 거절하거나 스스로 처리하는 일이 없도록 한다.

* 출처: 秋山律子 外(2004). **保育實習**, pp. 116-118 참조.

3. 보육실습 실제

보육시설에서의 본격적인 실습은 보육시설의 환경과 아동, 교사를 살펴보는 관찰실습에서 지도교사활동의 여러 보조활동에 참여하는 참여실습과 실제로 보육활동을 계획, 수행, 평가하는 수업실습의 단계로 진행된다.

1) 관찰실습

(1) 관찰실습의 의의 및 내용

관찰실습은 정규 실습 기간의 첫 주에 실시한다. 관찰실습을 통하여 하루일과 관찰, 영유아 관찰, 교사의 수업활동 관찰, 보육시설의 환경 관찰, 학급운영의 관찰 등을 통하여 실제수업에 필요한 기초지식을 갖는다. 관찰실습을 통하여 기대할 수 있는 효과는 다음과 같다.

- 실습기관의 환경과 영유아의 제반 현황 및 그 실태를 바로 알게 된다.
- 보육활동의 계획과 준비, 전개 및 평가 등의 과정과 방법을 이해하게 된다.
- 학급 환경구성과 준비, 전개 및 평가 등의 과정과 방법을 이해하게 된다.
- 보육실습생 자신의 관찰능력과 태도가 향상된다.

관찰실습 시 내용을 구체적으로 살펴보면 다음과 같다.

① 영유아에 대한 관찰 내용 및 필요성

영유아 발달의 특성을 세밀하게 관찰한다. 관찰실습 동안 영유아들의 이름 기억하기, 유아의 성장 발달의 특징, 유아의 개인 발달 수준의 차이를 이해하여야 한다. 또한 적극적인 행동을 하는 유아, 거칠고 공격적인 유아, 소극적인 유아, 사회성이 부족한 유아 등 영유아의 개개인의 행동특성을 파악하는 데 주력해야 한다.

정규실습 기간에 영유아 개인의 발달 특성에 따른 지

도능력을 배울 수 있도록 세밀하게 관찰하여야 한다. 성공적인 실습을 하기 위해서는 영유아의 발달 특성을 충분하게 이해하고, 주로 어떤 행동이 빈번히 발생하는지를 사전관찰을 통하여 충분히 알고 있어야 한다.

② 보육교사의 수업활동에 대한 관찰

실습생은 부분수업 및 종일수업을 위해 정규 실습기간 4주 동안 보육교사의 수업활동에 대한 관찰이 가장 많이 이루어질 수 있다. 실습생이 보육교사의 수업활동의 관찰 내용을 살펴보면 다음과 같다.

- 보육교사는 수업 준비를 어떻게 하고 있는가?
- 보육교사는 수업을 실제 어떻게 진행하는가?
- 보육교사의 유아놀이 지도 및 행동 지도방법은 어떠한가?
- 유아와 보육교사와의 상호작용 방법은 어떠한가?
- 보육교사의 교수 학습전략은 무엇인가?

실습생은 하루의 수업을 진행하는 지도교사를 세밀하게 관찰하여 부분수업 및 종일수업을 위한 주요한 수업전략을 배워야 할 것이다. 특히 하루일과를 실습일지에 기록할 때 핵심적인 수업의 포인트를 분석하여야 할 것이다.

③ 실습기관의 물리적 · 인적 환경 및 학급운영 방법 관찰

- 실습기관에서 영유아의 건강 위생에 관련된 요소는 무엇인가?
- 영유아의 안전교육을 위한 시설, 화재 대피방법은 무엇인가?
- 영유아 발달에 적합한 교구 및 교재들은 어떤 것들이 있는가?
- 동료직원 간의 관계 등 인적 환경 구성 및 조직을 이해하고 있는가?

(2) 관찰실습의 포인트

보육실습에서 가장 먼저 하는 것이 관찰실습이다. 관찰의 자세와 행동에 대한 기본적인 지식이 없으면 수업에 지장을 초래할 수 있다. 그러므로 오리엔테이션을 통하여 이러한 기초지식과 예비지식을 갖추도록 해야 한다. 관찰실습에서 실습생들이 유의할 점은 다음과 같다.

① 관찰위치를 정한다

지도교사와 영유아들의 수업에 방해가 되지 않고 관찰할 수 있는 장소를 찾는다.

② 영유아들과 상호작용을 최소화한다

영유아들과의 불필요한 시선접촉을 하지 말고, 중립적인 얼굴표정을 짓는다.

③ 영유아들의 이름을 빨리 외운다

영유아들은 입에서 "누구세요?" "어디에서 왔어요?" 등 말을 걸어온다. 밝고 친절하게 대답을 해 주면서 빨리 영유아들의 이름을 외운다.

④ 학급에서의 지도교사의 행동을 주시한다

지도교사가 하는 행동에는 하나하나 의미가 있다. 조금이라도 많이 읽어 내도록 한다. 왜냐하면 지도교사는 주의에 신경을 쓰면서 영유아들 하나하나 잘 살피고, 적절한 도움과 지원을 하고 있기 때문이다.

⑤ 지도교사와 영유아들의 관계를 배운다

기본적인 것에서는 영유아들을 애칭으로 부르는 것은 바람직하지 않다. 보조교사 입장에서 도와주는 것을 통해 지도교사와 영유아들의 관계를 배운다.

⑥ 학급의 일일 및 주간 보육계획안을 충분히 숙지한다

일과를 파악하고 있으면 다음은 어떤 수업을 할지 예상할 수 있다. 그리고 "이제 다음 ○○로 준비를 할까요?" 라고 지도교사에게 확인하고, 적극적으로 움직인다.

⑦ 되도록 빨리 영유아들의 세계를 알아차린다

영유아들과 함께 놀고 행동하면서 영유아들이 어떤 것에 흥미를 가지고 있는지, 어떤 놀이를 하고 있는지, 그 놀이방법이나 종류 등을 파악한다.

⑧ 의자에 앉아서 관찰할 때에는 다리를 꼰다거나 아무렇게나 벋지 않도록 한다

휴식을 취하고 있는 상태가 아니다. 지도교사와 영유아들이 보고 있으므로 자세를 바르게 한다.

⑨ 청소도 중요한 보육행위 중 하나다

대충 쓸지 않고 지저분한 것이 없어질 때까지 문질러서 닦고, 구석까지 깨끗하게

청소한다. 끝나면 "무엇을 해야 할까요?" 라고 물어본다.

⑩ 낮잠시간에 영유아들과 함께 자지 않는다

점심 이후에 마음의 긴장이 풀어져서 꾸벅 꾸벅 졸지 않도록 한다. 낮잠지도도 중요한 보육의 일과다.

⑪ 카메라를 가지고 마음대로 기관과 영유아들의 모습을 찍지 않도록 한다

기관의 환경을 찍을 경우는 반드시 기관의 허락을 받고 해야 하며, 영유아들의 모습은 찍지 않는다.

⑫ 자리를 이탈할 때에는 먼저 지도교사에게 말한다

"○○에 갔다 오겠습니다." 등 수업 중에는 급하지 않으면 화장실 가는 것도 삼간다.

<표 2-3> 관찰기록의 예

일화기록

관찰아동: 이서현(7세)

관찰일: 2005년 11월 21일 월요일

관찰자: 이유숙

장면: 서현이가 밥을 잘 먹지 않고 있는 상황

기록: 서현이는 밥을 국에 만다. 그러고는 밥은 먹지 않고, 국물만 조금 마시거나 반찬을 몇 점 먹는다. 실습교사가 "서현아 밥과 반찬을 같이 먹어 보자." 고 권해도 듣지 않는다. 바른 자세로 앉아 있지 못하고 한쪽 어깨를 기울이거나 뒤를 돌아본다. 그래서 교사가 서현이가 밥을 먹기를 유도한다. 그러자 서현이는 숟가락을 든다. 밥을 한 숟가락 먹더니 또 먹지 않고 있다. 교사가 서현이에게 밥과 반찬을 숟가락과 포크로 덜어서 식판에 올려 준다. 서현이는 약 1분 후쯤에 밥을 먹는다. 영양사 선생님이 서현이 옆에 앉아서 지도를 한다. 서현이는 밥을 다 먹는다.

○○○실습생

<표 2-4> 영아반 수업관찰의 예

2005 년 12 월 2 일 (금요일)		실습생 ㉧ 지도교사 ㉧ 원장 ㉧	
활동 주제	발도장을 찍어요		
활동 목표	• 차가운 물감의 촉감을 발로 느낀다. • 발 모양을 탐색한다.		
시간	활동명	활동내용	준비물 및 지도상유의점
07 : 30 ~ 09 : 00	등원	1) 밝은 미소로 영아를 맞이하고 보호자에게 영아의 상태를 듣는다. - "○○야, 안녕하세요. 어서 오세요." 2) 건강상태를 확인, 부모가 기록한 일일 보고서 확인한다. 3) 투약시간과 수유시간 점검한다. 4) 놀잇감을 가지고 자유롭게 놀이한다. - 영아가 스스로 놀잇감을 선택할 수 있도록 한다. - 스스로 선택하지 못 할 때에는 놀잇감을 제시해 준다.	인사하며 영아의 상태 확인하기
09 : 00 ~ 10 : 30	개별 놀이	1) 개별 수유시간에 맞춰 수유를 한다. - "○○야, 우유 먹을 시간이에요. 여기 와서 눕자." - 스스로 우유병을 잡고 먹을 수 있도록 한다. 2) 영아의 기저귀 상태에 따라 기저귀를 간다. - "○○야, 기저귀가 많이 젖었구나. 기저귀 갈자." - 대변을 보았다면 물로 씻어 주고 기저귀를 간다. - 언제 수유를 했는지와 대변을 보았는지 기록한다. 3) 놀잇감을 가지고 자유롭게 개별놀이한다. 4) '둥글게 둥글게' 놀이를 한다. - 선생님과 손을 잡는다. - 노래를 부르며 빙글빙글 돌아 본다. - 선생님과 둘이 했던 놀이를 친구들과 해 본다.	영아의 배고픔과 기저귀상태를 확인하여 기본 욕구를 충족시켜 준다.

<계속>

10 : 30 ~11 : 00	손씻기 및 오전 간식	1) 간식 먹기 전 손을 깨끗이 씻는다. – 교사가 한 명씩 씻겨 준다. 2) 간식 먹을 준비를 한다. 3) 간식 노래를 부른다. 4) 모두 함께 간식을 먹는다.	손을 씻겨 줄 때 영아의 소매를 걷고 물이 뜨겁지 않은 것을 확인한 후 손을 닦아 준다.
11 : 00 ~ 12 : 00	집단 활동	<발도장을 찍어요> 1) 바지에 물감이 묻지 않도록 바지를 걷는다. – '오늘은 쿵쿵쿵 발도장 찍어 보기를 할 거예요.' – '바지를 걷자.' 2) 물감을 발에 묻힌다. 3) 전지 위를 걷는다. 4) 화장실에서 발을 씻는다. – 교사가 씻겨 준다. 5) 옷에 물감이 묻은 유아는 옷을 갈아입는다.	잘 걸을 수 없는 영아는 선생님의 손을 잡고 걸을 수 있도록 한다. 아토피가 있는 영아는 교실에서 개별놀이 한다.
12 : 00 ~ 15 : 00	잠자기 및 형님반 놀러 가기	1) 잠을 잘 수 있도록 이불을 깔아 둔다. 2) 불을 끄고 영아를 자리에 눕힌다. 3) 자장가를 들려준다. 4) 잠을 잘 잘 수 있도록 등을 두드려 준다. 5) 잠에서 깬 영아에게는 다른 영아들이 깨지 않도록 조용한 놀이를 함께 해 준다. 6) 잠에서 서서히 깰 수 있도록 한다(바로 불을 켜지 않고 커튼을 걷는다.). – '○○야 잘 잤어요?' – '○○자고 나니까 기분이 아주 좋아 보이네.' 7) 잠에서 일찍 깬 영아들은 형님 반에 놀러 간다. – 형님 반으로 이동한다. – 형님 반 둘러보기 – 가지고 놀았던 교구 정리하기 – 교실로 이동하기	편안하게 잘 수 있도록 어둡고 조용한 환경을 만들어 준다. 일찍 깬 영아들은 다른 영아들에게 피해가 가지 않도록 조용한 놀이를 할 수 있도록 한다. 잠에서 깰 때는 서서히 깰 수 있도록 커튼을 먼저 걷는다.
15 : 00 ~ 15 : 30	점심	1) 점심 먹기 전 깨끗이 손을 씻는다. 2) 자리에 모여 앉는다. 3) 감사노래를 한다. 4) 점심을 먹는다. – 스스로 수저를 사용해서 밥을 먹을 수 있는 영아는 밥을 잘 뜨고 먹을 수 있도록 지도하고 밥을 스스로 먹을 수 없는 영아들은 선생님이 먹여 준다.	

<계속>

15 : 00 ~ 15 : 30	점심	5) 다 먹은 그릇은 스스로 싱크대에 넣는다. - '○○야 잘 먹었어요?' - '다 먹었으면 싱크대에 가서 넣자.' 6) 밥을 먹은 후 세면을 한다. 7) 세면을 한 후 로션을 바른다. 8) 밥을 먹으면서 옷을 버린 영아는 옷을 갈아입는다.	
15 : 30 ~ 17 : 00	개별 놀이	1) 수유 및 기저귀를 간다. 2) 놀잇감을 가지고 자유롭게 놀이한다. 3) 영아가 스스로 놀잇감을 선택할 수 있도록 한다. - 스스로 선택한지 못 할 시에는 놀잇감을 제시해 준다.	
17 : 00 ~ 17 : 40	도서관 에 놀러 가요	<어린이 도서관에 놀러 가요> 1) 도서관으로 이동한다. - 걸을 수 있는 영아들은 스스로 이동을 하도록 하고 걸을 수 없는 영아들은 선생님의 손을 잡고 걸음마를 하면서 이동할 수 있도록 한다. 2) 영아가 고른 책을 읽어 준다. 3) 교실로 돌아온다.	밖으로 이동 시 다른 곳으로 가지 않게 주의한다.
17:40~	오후 수면 및 귀가	1) 잠을 잘 수 있도록 이불을 깔아 둔다. 2) 불을 끄고 영아를 자리에 눕혀 준다. 3) 잠을 잘 잘 수 있도록 등을 두드려 준다. 4) 잠에서 깬 영아에게는 다른 영아들이 깨지 않도록 조용한 놀이를 함께 해 준다. 5) 잠에서 깰 수 있도록 불을 켜 준다. 6) 영아의 가방을 챙긴다. 7) 대화수첩을 정리하고 가방에 넣는다. 8) 부모님이 오신 영아는 귀가한다.	
			○○○실습생

<표 2-5> 유아반 수업관찰의 예

<table>
<tr><td colspan="4">2005년 11 월 24 일 (목요일) 실습생 ㊞ 지도교사 ㊞ 원장 ㊞</td></tr>
<tr><td colspan="2">활동
주제</td><td colspan="2">미술관 프로젝트</td></tr>
<tr><td colspan="2">활동
목표</td><td colspan="2">• 자연의 변화를 감각으로 느껴보고, 다양한 표현방법을 이용하여 그 느낌을 표현한다.
• 예술작품을 감상하는 시각을 갖는다.</td></tr>
<tr><th>시간</th><th>활동명</th><th>활동내용</th><th>준비물
및
지도상유의점</th></tr>
<tr><td>07:30
~
09:00</td><td>통합
보육</td><td>1) 놀잇감을 가지고 자유롭게 놀이한다.</td><td></td></tr>
<tr><td>09:00
~
09:20</td><td>등원
및
조용한
놀이</td><td>1) 등원한 유아에게 '안녕하세요?' 아침인사를 나눈다.
2) 등원한 유아가 옷을 전이활동 공간에 스스로 정리할 수 있도록 돕는다.
3) 등원한 유아는 조용한 놀이의 자유선택 활동을 한다.
4) 손을 씻고, 오전 간식 준비를 한다.</td><td></td></tr>
<tr><td>09:20
~
09:50</td><td>오전
간식</td><td>1) 1층에 있는 식당으로 이동해 오전 간식의 메뉴를 확인한다.
2) 차례대로 간식을 받아 자리에 앉아 간식을 먹는다.
3) 오전 간식을 먹고 난 후 정리정돈을 한다.
4) 다 먹은 친구는 차례대로 의자에 앉아 기다린다.</td><td></td></tr>
<tr><td>09:50
~
10:20</td><td>놀이 소개
및
계획</td><td>1) 인사하고 오늘의 날짜와 날씨에 대해 이야기 나눈다.
2) 새로운 놀이와 하루 일과를 소개한다.
3) 놀이를 계획한다.</td><td></td></tr>
<tr><td>10:20
~
11:30</td><td>실내 자유
선택 활동</td><td>[언어영역] 그림의 제목을 지어 주세요.
1) 미술작품 <별이 빛나는 밤>, <노란새가 있는 풍경>, <그랑자크섬의 일요일 오후>의 세 가지 작품을 살펴본다.</td><td>미술작품이
제시된 판,
색깔별 종이</td></tr>
</table>

<계속>

		2) ①번 작품은 빨간색, ②번 작품은 연두색, ③번 작품은 분홍색 배지로 숫자를 써놓는다. 3) 유아는 해당하는 배지 색깔의 종이에 자신이 생각하는 그림의 제목을 지어 밑에 붙인다.	
		[음률영역] 명화 속 주인공 되어 보기 1) 다섯 가지의 다양한 명화를 살펴본다. 2) 유아는 그림의 사람들처럼 신체를 이용해 표현해 본다.	명화
		[과학영역] 그림의 배경색이 달라져요 1) 밀레의 <이삭 줍는 여인들> 그림을 살펴본다. – 이 그림의 사람들은 무엇을 하고 있나? 2) 그림 위에 여러 가지 색의 셀로판지를 대어 본다. – 그림이 어떻게 달라졌니? – 느낌이 어떠니?	명화 다양한 색의 셀로판지
10 : 20 ~ 11 : 30	실내 자유 선택활동	[조형영역] 1) 붓펜을 이용해 표현하기 – 화선지의 매끄러운 부분에 붓펜을 이용해 그림을 그린다. – 색을 칠하고 싶은 유아는 자리를 옮겨 물감으로 색을 칠한다. – 그늘진 곳에 잘 말린다. 2) 파스텔 이용하여 표현하기 – 도화지 위에 파스텔을 이용해 자유롭게 그림을 그린다. – 휴지를 사용해 파스텔을 번지게 한다. – 그림의 제목을 지어 본다. 3) 설치미술 만들기 – 입체적인 작품을 만든다. – 다양한 재료를 이용해 설치 미술작품을 만든다.	화선지, 붓펜, 물감 도화지, 휴지, 파스텔 천, 상자, 박스, 종이컵, 모루, 부직포 등
		[수 조작영역] 숫자 동산 1) 주사위 2개를 던져 나온 수를 더한다. 2) 출발선에서 사과가 있는 지점까지 먼저 도착하는 유아가 이긴다.	숫자동산 게임판

<계속>

11 : 30 ~ 11 : 45	정리 정돈	1) 자신이 놀이한 놀잇감을 정리 정돈한다. 2) 유아들은 자유롭게 화장실에 다녀온다.	
11 : 45 ~ 12 : 00	이야기 나누기	1) 자유선택활동을 평가한다. - 오늘 어떤 영역에서 놀이를 했나요? - 즐거웠나요? 무엇 때문에 그렇게 생각했나요? 2) 자유선택활동의 작품을 소개한다. - 누가 만든 것일까요? - 어디에 전시하면 좋을 것 같아요?	
12 : 00 ~ 12 : 20	집단 활동	[동화] 『단풍아 내년에 또 만나자』 1) 동화책을 소개한다. 2) 동화 '단풍아 내년에 또 만나자' 를 들려 준다. 3) 동화를 보여 준다. 4) 동화의 내용을 회상한다.	그림동화
12 : 20 ~ 12 : 45	실외 자유 선택 활동	1) 옥상 놀이시설에서 자유롭게 놀이한다. 2) 유아들은 가지고 놀던 놀잇감을 정리한다.	
12 : 45 ~ 2 : 00	점심	1) 도우미는 식사준비를 한다(숟가락, 젓가락 놓기, 반찬통 놓기). 2) 유아들은 손을 씻고 각자의 밥과 국, 그릇을 가져간 후 반찬을 먹을 수 있는 만큼 덜어 먹는다. 3) 점심을 먹은 유아는 양치를 하고 일기를 쓴다.	잡곡밥, 근대국, 참치버거/케첩, 호박볶음, 김치
2 : 00 ~ 3 : 00	낮잠 및 낮잠 깨기	1) 유아들은 자신의 옷을 벗고, 정리정돈 한다. 2) 개인매트를 자리에 편다. 3) 유아들은 개인 매트에서 음악을 들으며 낮잠을 잔다. 4) 유아들은 스스로 이부자리를 정리하고, 벗어놓은 옷을 입는다. 5) 개인매트와 이불커버를 스스로 정리하여, 가방에 넣는다. 6) 교사는 유아들의 머리를 빗겨 준다.	
3 : 00 ~ 3 : 30	오후 간식	1) 손을 씻고, 오후 간식을 먹는다(찐 고구마, 우유). 2) 스스로 정리할 수 있도록 돕는다.	

<계속>

3:30 ~ 4:20	실외 자유 선택활동	1) 바깥놀이터에서 자유롭게 놀이한다. 2) 놀이가 끝난 후 정리하고 교실로 돌아온다.	
4:20 ~ 6:00	실내 자유 선택활동	[미술영역] 그림 그리기 1) 크레파스를 이용해 자유롭게 그린다. [쌓기영역] 카프라 1) 카프라를 가지고 조형물을 만든다. [언어영역] 책 보기 1) 책상이나 소파에서 유아가 읽고 싶은 책을 선택하여 읽는다.	
6:00 ~ 7:30	통합보육 및 귀가	1) 유아는 통합교실로 이동한다. 2) 유아는 조용한 놀이를 하고, 부모님이 오시는 대로 귀가한다.	

2) 참여실습

참여실습은 보육활동에 직접 참여하여 실제 보육교사직을 경험하는 과정으로서, 실습기간 내내 이루어지는 과정이기도 하다. 실습기관의 지도교사의 계획과 지도 하에 조사, 측정, 실험 등을 경험하거나 또는 지도교사의 활동의 여러 가지 형태에 보조자적 위치에서 역할을 담당해 보는 과정이다. 참여실습의 내용은 영유아의 생활배경, 발달에 대한 이해와 보육내용에 대한 것, 환경구성, 사무처리, 부모교육 참가 등 보육전반에 대한 것이다. 참여실습을 통해 기대할 수 있는 효과는 다음과 같다(김정규 외, 1997).

- 영유아에 대한 이해를 깊게 한다.
- 보육교사의 활동을 실제로 이해한다.
- 교수 및 학습활동 계획 및 운영, 평가를 경험한다.
- 측정 · 조사 · 면접 등 참가활동을 경험한다.
- 보육자료의 제작 · 수집 · 준비하는 기능을 익힌다.
- 실제실습을 준비한다.

3) 수업실습

수업실습은 정규실습의 2주에서 4주에 걸쳐 진행되는 것으로, 지도교사의 지도 하에 실습생이 학급의 주교사로서 보육활동을 계획하고 수행하며 평가하는 실제수업의 경험이다. 또한 학급의 운영 및 관리능력을 경험해 볼 수 있다. 실제실습은 어느 정도의 수업을 진행하는가에 따라 부분수업, 연결수업, 종일수업 등이 있다.

(1) 부분수업

부분실습은 정규실습 중 실제 수업활동의 일부분을 실습하는 것을 말한다. 전체 수업활동에서 부분적인 활동을 맡아 하는 것으로 특정 영역에서 소집단활동을 맡거나, 이야기 나누기, 동화 들려 주기, 간식 지도, 동극, 요리 등의 활동을 경험한다. 부분실습은 정규실습 2~3주부터 시작하고 주 1~3회 정도 실시한다.

부분실습을 성공적으로 하기 위하여 보육실습생은 보육활동에 대한 부분수업 계획안을 작성한다. 부분수업에 포함되어야 하는 내용은 보육활동의 목표, 보육과정 관련 요소, 각 활동의 도입, 전개, 마무리, 질문방법, 평가 등의 내용을 포함한다.

부분수업의 포인트

① 교실에서 진행되고 있는 주제와 연관하여 준비한다.
② 부분수업이 전후의 수업과 자연스럽게 연결되도록 한다.
③ 보육계획안이 한 번에 OK 된다고 생각해서는 안 된다. 지도교사의 조언을 잘 활용하여 몇 번이고 수정하여 만든다.
④ 기관에서 빌릴 수 있는 것(예를 들면, 그림책 등)과 각자가 준비하지 않으면 안 되는 되는 것을 확실하게 파악해 두어야 한다.
⑤ 영유아들이 지금 어떤 놀이에 흥미를 가지고 있고 어떤 손유희를 알고 있는지, 파악하여 적절히 활용한다.

<표 2-6> 부분수업 계획안의 예

생활주제	추워요	대상 반	토끼반
대상연령	만 2세	예상시간	약 10분
활동영역	쌓기영역		
집단구성	소집단(2~3명)		
활동 명	얼음집 만들기		
활동목표	• 블록으로 구성물을 만든다. • 얼음집에 관심을 가진다.		
활동자료	흰 도화지로 싼 종이 벽돌 블록, 이글루 사진		
활동구분	활동 방법		
도입	1. '이글루' 사진을 보며 이야기 나눈다. - 이것은 무엇일까?(얼음집, 이글루) - 얼음집은 무엇으로 만들었을까?(얼음을 부수기도 하고, 갈기도 해서 만든다.) - 얼음집의 안은 춥지 않을까?(얼음집은 춥지 않고, 불도 피울 수 있고 집 안에 물을 뿌리면 집 안이 따뜻해진다.) -얼음집에는 누가 살까?(아주 추운 나라의 사람들이 사는 집이다.) 2. 얼음집을 만들자고 이야기한다.		
전개	3. 영아들과 함께 종이 블록을 이용해 이글루를 만든다. - 얼음집을 만들어 보자. - 얼음집에 무엇이 있어야 할까?(창문…) - 집 안에 앉아 있으니까 기분이 어떠니? - 집 안을 따뜻하게 하려면 어떻게 할까?(난로 피우기, 물 뿌리기). 4. 다른 영아들의 관심이 커지면, 집을 다시 만들어 본다.		
마무리	5. 활동에 대한 평가를 한다. - 얼음집을 만들어 보니까 기분이 어떠니? - 무엇이 재미있었니? - 다음에는 어떤 집을 만들어 보고 싶니?		

(2) 연결수업

연결수업은 하루일과 중에서 두 가지 이상의 활동을 계속해서 실습생이 진행하는 수업이다. 실습생은 우선 하루일과를 이해하고 활동을 계획하며 유연성 있게 활동과 활동을 연결시켜야 한다. 따라서 다른 활동으로의 확장이나 전이활동과 주의집중을 효과적으로 운영해야 한다.

(3) 반나절 또는 종일수업

정규실습 기간 4주 동안 가장 중요한 실습활동은 하루의 수업을 총체적으로 진행하는 종일수업을 하는 것이다. 실습생은 부분실습에서처럼 종일보육계획안을 작성하고 수업과 관련된 환경, 교재교구도 준비하여 지도교사의 지도하에 수업을 진행하게 된다. 종일수업진행은 보육실습 마지막 주에 실시하며 1~2회 정도 한다.

종일수업은 실습생으로 각자의 능력을 최대한 발휘할 수 있는 좋은 기회다. 실제 하루 종일 교사가 되어 보는 실습이므로 상당히 긴장된다. 그러므로 다음과 같은 준비를 미리 세밀하게 해야 한다.

- 정해진 주제에 관련된 모든 정보를 수집
- 종일 보육계획안 작성
- 종일 수업내용에 따라 교수학습자료 준비
- 실제수업 준비
- 유아와의 상호작용을 위한 질문방법
- 놀이지도를 적절하게 하기 위한 교사의 개입방법

일반적으로 실습생이 종일수업을 힘들어하는 내용은 다음과 같다.

① 정해진 시간을 유연하게 잘 진행하지 못한다. 예를 들어, 예정된 수업시간보다 일찍 또는 늦게 끝나게 되는 경우 당황하게 된다. 그러므로 시간 조정을 유아의 흥미 수준에 따라 잘 조정할 수 있도록 여유를 갖추어야 한다.

② 교수매체 제작 시간이 많이 든다. 동화자료, 이야기 나누기 자료, 게임자료, 조형활동 등 하루의 수업을 성공적으로 이끌어가기 위한 수업자료 준비가 힘들다. 그러므로 미리미리 자료를 만들어야 한다.

종일수업의 포인트

• 일일계획을 작성할 때는 돌발적인 상황을 고려한다

사전에 일정을 물어보고 지도교사와 상담하면서 일안을 작성한다. 바깥놀이를 할 예정이었지만 비가 와서 할 수가 없었다든지 하는 경우가 있으므로 '대안'을 생각해 둔다.

• 계획안이 무리하게 진행되지 않도록 한다

계획안은 자기만이 아니라 원장선생님, 주임, 지도교사용으로도 준비한다.

무리하게 활동을 많이 넣어서 영유아들의 욕구를 무시하고 진행되지 않도록 배려가 필요하다. 영유아들의 상태에 맞도록 다소의 변경을 할 수 있도록 한다.

• 실제 실습날의 하루 일과를 그려 본다

평소 영유아들의 상태나 모습을 토대로 실제 실습 날의 하루를 이미지해 본다. '중심이 되는 활동'과 목표를 정하고, 가장 큰 활동에 대한 시간 배분을 정하고 아이들의 움직임을 예상하여 써 넣는다.

'중심이 되는 활동'은 영유아들의 상황에서 벗어나지 않는 것이 포인트다. 너무 쉽거나 어려워도 영유아들이 흥미를 가지지 않는다.

하루일과를 어떤 방법으로 또는 어떻게 관련을 지어 이끌어 갈 것인가를 그려 본다.

<표 2-7> 종일수업계획안의 예

2005 년 12 월 9 일 (금요일) 사슴반		실습생 ㊞	지도교사 ㊞	원장 ㊞
생활 주제	겨울	소주제	겨울이 왔어요	
활동 목표	• 날씨가 변함에 따라 달라지는 옷차림과 사람들의 생활에 대해 살펴본다.			
활동구분 (시간)	활동내용	준비물 및 지도상유의점		
등원 및 맞이하기 (07 : 30 ~ 09 : 10)	• 유아의 건강, 심리상태를 파악하며 맞이한다. • 선생님 친구들과 반갑게 인사를 나눈다. **T: ○○야, 안녕하세요.** **어린이집 올 때 추웠지? 따뜻하게 장갑과 목도리를 하고 왔구나.** • 유아의 옷을 스스로 정리한다. • 통합보육실에서 놀이한다.	• 교사는 유아의 눈높이에 맞추어 인사를 한다. • 옷을 스스로 정리할 수 있게 돕는다.		

<계속>

오전 간식 (09 : 10 ~ 09 : 40)	• 활동을 정리하고 화장실에서 손을 깨끗이 씻는다. • 손을 씻고 간식 책상으로 와서 바른 자세로 앉는다. • 다 함께 간식 기도를 한다. T: 사슴반, 준비 됐어요~ • 간식을 맛있게 먹는다. • 간식을 다 먹은 후 자기 간식 그릇을 스스로 정리한다. • 한 줄로 서서 활동실로 올라간다. T: 이름 불러 주는 친구는 걸어서 선생님 앞으로 오세요.	• 아침 식사량에 맞게 배식한다. • 2/3 정도 다 먹으면 올라갈 준비를 한다. • 정리하고 모일 때 뛰어오지 않도록 격려한다.
실내 자유 선택활동 (09 : 40 ~ 11 : 20)	[역할영역] 장갑가게 놀이 ▶활동목표: • 장갑가게에 관심을 가지고 여러 가지 장갑을 이용해 장갑가게를 꾸며 본다. • 장갑가게에서 일어나는 일들을 자연스럽게 역할놀이로 전환하는 기회를 제공할 수 있다. ▶활동자료: • 여러 가지 모양의 장갑, 가격표, 계산기, 모형 돈, 지갑, 거울, 간판 등 ▶활동방법: ① 역할영역에 장갑가게를 꾸민다. ② 장갑가게를 꾸밀 때 무엇이 필요한지 알아본다. – 장갑가게 놀이를 하려면 무엇이 필요할까? – 장갑가게를 꾸밀 때 필요한 것들을 함께 만들어 보자. ③ 장갑가게 판매원과 손님 역할을 결정한다. – 누가 장갑가게의 주인을 했으면 좋겠니?(하고 싶니?) ④ 장갑가게 판매원은 장갑을 진열하고 가격을 정한다. – 장갑의 가격을 얼마에 팔면 좋을까? ⑤ 맡은 역할에 따라 장갑을 팔고 사는 역할을 정해서 놀이한다. [수 · 조작영역] 장갑에 동물 붙이기 ▶활동목표: • 숫자에 관심을 갖는다. • 동화 속에 나오는 동물에 대해 관심을 갖고, 여러 동물을 숫자와 일대일 대응시킬 수 있다.	

<계속>

실내 자유 선택활동 (09 : 40 ~ 11 : 20)	▶활동자료 : • 장갑 모양의 기본판 10장(숫자 1~10), 여러 동물(개구리, 토끼, 쥐, 곰, 돼지, 원숭이, 병아리, 이리, 소, 너구리) 카드(55개) ▶활동방법: ① 벙어리장갑 모양의 기본판을 나누어 갖는다. ② 장갑에 쓰인 있는 숫자를 읽어 본다. ③ 장갑에 쓰인 숫자만큼 작은 동물 그림카드를 붙여 본다.	
정리 정돈 및 화장실 가기 (11 : 20 ~ 11 : 30)	• 교사는 쌓기, 미술, 소꿉영역 등 활동이 많이 일어나는 영역부터 5분 전쯤에 정리시간이 되었음을 미리 알린다. • 가지고 놀던 놀잇감을 제자리에 정리한다. • 정리한 후 화장실을 다녀온다.	
대집단활동 동화감상 (11 : 30 ~ 11 : 50)	[동화 감상] 『장갑』 ▶활동목표: • 동화를 듣고 내용을 이해한다. • 동화의 상황을 이해하고 자신의 생각을 이야기해 본다. ▶활동자료: • '장갑' OHP 동화, OHP, 동화 녹음 CD ▶활동방법: ① 동화의 제목을 감상하고 어떤 내용일지 상상해 본다. – 오늘 선생님이 너희에게 들려 줄 동화는 '장갑' 이라는 동화야. – 이 동화는 어떤 내용일 것 같니? ② 동화를 감상한다. ③ 동화의 내용을 회상하며, 그림만 감상한다. – 이 동화에는 누가 누가 나왔었지? – 그 동물들은 어디에 들어갔었니? – 왜 장갑 속에 들어갔을까? ④ 동화의 끝을 바꾸어 지어 본다. – 만약에 할아버지가 장갑을 가져가지 않았다면 마지막은 어떻게 되었을까? • 실외놀이에서 할 활동을 소개한다. • 오늘은 어떤 방법으로 바깥놀이 가는 친구들의 이름을 불러 줄까?	• OHP 동화 구연 시 유아들이 매체가 있는 앞으로 나오지 않도록 지도한다.

<계속>

대집단활동 동화감상 (11 : 30 ~ 11 : 50)	동화에 나왔던 동물들처럼 옷 입으러 가보기로 하자. • 이름을 불러 주는 유아는 옷을 입고 한 줄로 선다. • 외투를 입고, 내려갈 때는 왼쪽으로 한 줄로 서서 손잡이를 잡고 천천히 계단을 내려온다.	• OHP동화 구연 시 유아들이 매체가 있는 앞으로 나오지 않도록 지도한다.
실외 자유선택활동 (11 : 45 ~ 12 : 30)	[실외놀이] 장갑 따오기 게임 ▶활동목표: • 장갑에는 오른쪽, 왼쪽이 있음을 안다. • 장갑은 양손이 같은 모양임을 안다. • 같은 색깔과 모양을 구분할 수 있다. ▶활동자료: • 여러 모양의 장갑 10켤레(20개), 끈, 빨래집게, 색테이프 신호악기(소고, 응원도구로 만들었던 페트병) ▶활동방법: ① 두 명이 출발선에 서서 출발신호에 출발한다. ② 장갑이 매달려 있는 곳으로 달려가서 여러 장갑 중 같은 모양과 색깔의 장갑의 짝을 찾아온다. ③ 장갑의 짝을 모두 찾으면 다시 빨래집게에 섞어서 매달고 게임을 해 본다. ④ 다른 방법으로 게임을 해 본다(유아의 의견에 따라). ⑤ 게임을 마무리 하고 정리한다. • 차례를 지켜 그네와 미끄럼틀을 탄다. • 다양한 도구를 이용하여 모래놀이를 한다. • 가지고 놀던 놀잇감을 제자리에 정리한 후 모인다. • 정리 후 현관에서 옷과 신발의 모래를 털어 깨끗이 한 후 차례로 들어간다.	• 안전사고가 발생하지 않도록 주의 깊게 관찰한다.
손 씻기 및 점심식사, 이 닦기 (12 : 30 ~ 13 : 30)	• 바깥놀이 후 들어와서 옷을 정리정돈한다. • 비누로 깨끗이 손을 닦고, 점심식사 준비를 한다. • 점심식사 메뉴를 알아보고 감사의 마음을 갖는다. – ○○○는 어디 있나? 여기~ • 점심을 맛있게, 남기지 않고 먹는다. • 다 먹은 후 식판을 스스로 정리한다. • 낮잠 자기 편한 옷으로 갈아입고, 이를 닦고 세수를 한다. • 얼굴과 손에 로션을 바른다. • 한 줄로 서서 활동실로 이동한다.	• 개별적인 상호작용을 하며 올바른 식습관을 지도한다.

<계속>

낮잠 준비 및 낮잠, 조용한 놀이 (13 : 30 ~ 15 : 30)	• 이를 닦은 유아들은 책을 보거나 조용한 활동을 하며 기다린다. • 자기 전에 화장실을 다녀온다. • 베개 및 취침타월을 덮고 자기 자리에 눕는다. • 자리에 누워 동화를 듣는다. • 조용한 음악을 들으며 휴식을 하고, 낮잠을 잔다.	• 동화 테이프, 음악 테이프, 카세트
낮잠 깨기 및 오후 간식 (15 : 30 ~ 16 : 50)	• 먼저 일어난 유아들은 화장실에 다녀온 후 다른 유아가 일어날 때까지 조용한 놀이를 한다. • 낮잠에서 깨어 자기 이불을 스스로 정리한다. • 벗어 놓은 옷을 입는다. • 손을 씻고 간식 먹을 준비를 한다. • 감사하는 마음을 갖고 간식을 맛있게 먹는다. • 다 먹은 후 제자리에 정리한다.	
오후 실내 · 외 자유선택활동 (16 : 30 ~ 17 : 30)	• 오전, 오후에 했던 실내 · 외 자유선택활동을 한다.	
통합보육 및 귀가 (17 : 30 ~ 19 : 30)	• 통합보육 교실에서 개별적으로 조용한 놀이를 하면서 부모님이 오시는 대로 귀가한다.	

<표 2-8> 종일수업에 대한 실습생의 자기평가

자기평가	① 등원 및 맞이하기: 전날 수업 준비를 다 마치지 못하여 당일 날 아침까지 준비하는 일이 발생하였다. 그래서 등원하는 유아들과 인사 나누지 못하였다. ② 오전 간식 지도: 교실의 영역들을 준비하느라 오전 간식 지도가 이루어지지 못하였다. ③ 실내 자유선택활동 소꿉영역(장갑 가게): 펠트지와 털을 이용해 여러 가지 색과 모양의 벙어리장갑을 만들어 제공해 주었더니 장갑 가게를 꾸미고 사고 팔며 놀이하는 모습을 관찰할 수 있었다.

<계속>

자기평가	장갑 가게 간판과 장갑 가게의 사진, 모형 돈, 숄이나 겨울 외투, 털모자, 선물 포장 박스 등을 준비해 장갑 가게 놀이가 더욱 활성화될 수 있었던 것 같다. 조작 · 탐색영역(장갑에 동물 붙이기): 오전 자유선택활동 시 놀이하는 유아를 한 명 관찰할 수 있었는데, 적극적으로 다가가서 개입하기보다는 혼자서 탐색해 볼 수 있도록 두고 오후 자유선택활동 시 함께 놀이해 보았다. 1~10까지 세며 여러 동물을 붙여 주었는데, 장갑 속에는 꼭 한 동물들만 채우려고 하는 것을 관찰할 수 있었다. ④ 대집단활동(동화): 매체는 유아들이 좋아하는 매체였으나 OHP 조작을 능숙하게 하지 못하여 동화의 흥미를 떨어뜨렸던 것 같다. 도입 시 활용하려고 준비한 비밀 상자가 있었는데, 그 안에 장갑을 넣고 수수께끼를 내 동화의 제목을 맞히게 하는 것이었는데 어떤 유아가 이미 나의 동화 대본의 제목을 읽고 그 답을 알고 있었다. 이런 자료들의 위치를 정하는 것도 교사가 수업을 할 때 고려해야 할 사항이라는 것을 알게 되었다. ⑤ 실외 자유선택활동(장갑 따오기): 유아의 키에 맞게 줄을 치고 장갑을 걸어 같은 모양의 장갑을 가져오는 활동이었다. 그런데 아침에 준비하지 못하여 놀이 시간에 줄을 치고 그 과정에서 상당히 많은 시간이 흐르게 되어 본 놀이는 몇 번 하지 못하고 놀이를 끝내게 되었다. 놀이에 흥미를 보이는 유아들이 많았는데, 준비하는 시간이 오래 걸리자 다른 놀이를 하였다. 또한 이 놀이를 준비하느라 다른 놀이를 하는 유아들은 볼 수 없게 된 것이 실외 자유선택활동 운영 시 고려하지 못한 점이라 생각된다. ⑥ 반일 수업을 마치고 느낀 점: 수업 전날에 모든 수업 준비가 교실 영역에 준비되어 있어야 함을 절실히 느꼈던 하루였다. 하루를 준비하기 위해서 얼마나 많은 계획과 준비가 필요한지 알 수 있었고 또한, OHP 동화와 같이 매체를 다루는 동화는 교사의 충분한 연습을 요한다는 것을 알 수 있었고, 충분히 연습하지 못한 것이 많이 아쉽다. 자신의 수업에 자신감을 갖고 임해야 참여하는 유아들도, 이끌어 가는 교사도 즐겁고 재미있는 활동이 된다는 것을 깨달았다.
지도교사 조언	활동 후 자기평가를 잘하셨어요. 준비를 잘해서 활동을 계획한 대로 잘하는 것도 중요하지만 활동 후에 자신을 돌아볼 수 있는 반성적 사고를 갖는 것이 무엇보다도 중요하지요. 활동을 진행하실 때 자신감을 갖고 계신 것 같습니다. 게다가 잘못하고 부족한 것을 짚어낼 수 있는 능력도 가지셨으니 더욱 좋은 선생님이 되실 수 있으리라 생각합니다. 조금씩의 실수나 부족함은 많은 경험들로 인해 줄어들 것입니다. 수고하셨습니다.

○○○실습생

(4) 보육실습 마무리

4주간에 걸친 실습이 끝날 무렵이면 길어만 보이던 실습기간이 순식간에 지나간 것 같다는 생각을 많이 한다. 실습이 끝나는 시점에서 실습생은 다음과 같은 점을 새겨보아야 한다(小學館, 2004, p. 80).

① 끝까지 실습기간이라는 것을 잊지 않도록 한다

실습도 계속하다가 보면 처음 긴장한 것 보다 약해진다. 말투나 태도 등에 마음 씀을 잊어버리거나 배워야겠다는 의욕도 없어지는 것이 많다. 그러나 어린이집을 나가는 최후의 순간까지 당신은 실습생이다. '앞으로 2~3일이면 끝나는데.' 라는 기분으로 아무렇게 하는 태도를 보인다든지, 실습일지를 성의 없이 기록한다든지 하지 말고 끝까지 배우는 마음 자세를 유지한다.

② 장래의 일을 속단하지 않는다

실습 중에 '나는 선생님으로서 소질이 없다.' 라고 결정해 버리는 사람이 있다. 어린이집의 실습은 불과 몇 주간이다. 실습생 누구나 힘든 것은 마찬가지다. 실습을 받아주는 어린이집에서도 바쁜 생활 속에서 당신을 지도하기 위해 시간을 제공하는 선생님들도 힘들다. 진로를 망설이고 안 되겠다고 속단하지 말고 선배나 지도교사에게 어떻게 해서 선생님의 길을 선택했는지 그 이유를 들어 보면 도움이 될 것이다.

③ 실습 중의 실수에 연연해하지 않는다

실습은 당신이 선생님이 되기 위해서 아이들로부터 받은 중요한 영양제다. 처음은 자기의 소질을 잘 발휘하지 못하고 실패를 반복할지도 모른다. 그러나 아이들과의 몇 주일간의 생활은 실습생에게 소질을 개발할 수 있는 밑거름이 된다. 장래 훌륭한 선생님이 되기 위하여 꽃을 피우는 데 도움이 될 것이다.

④ 자기성찰 노트를 만들어서 자신의 실습을 점검한다

실습 중에는 '이럴 리가 없는데….' 라고 생각하는 것이 많이 나온다. 자신의 가치관만으로 '안 되겠다, 이런 어린이집은….' 이라고 마음대로 결단하지 말고 주위의 교사로부터의 의견에 귀를 기울이자. 지도교사의 의견과 자신의 생각을 노트에 메모해 두면 훗날 당신이 교사가 되어서 그때 지도교사의 조언을 이해할 수 있을 것이다.

⑤ 제출물은 반드시 기일을 지켜야 한다

실습도 후반이 되면 보육계획안이나 실습일지, 교구, 리포트 등 양이 많아진다. 몸과 마음이 지쳐 있겠지만 '하지 않으면 안 되는 것' 은 '하고 싶은 것' 보다 우선으로 해야 한다. 특히 실습일지나 교구, 리포트는 실습 종료 후에 제출한다거나 실습평가회 등에서 다루는 귀중한 자료다. 기일과 시간은 반드시 지켜서 자신을 최고로 진력할 수 있는 과제에 몰두한다.

⑥ 실습어린이집, 지도교사, 아이들과의 '실습 끝나는 날' 을 맞는 준비를 한다

실습 마지막 날은 도움을 주신 선생님과 아이들에게 최대한으로 감사를 표시한다. 단기간이라면 미래의 선생님으로서 지도해 주신 원장선생님과 지도교사에게 반드시 감사의 말씀을 드린다. 함께 지내고 많은 추억을 만들어 준 아이들에게도 '마음' 의 선물이 될 수 있다면 좋을 것이다.

4. 보육실습 평가

1) 실습평가의 의미와 목적

실습평가란 보육실습의 목표, 내용, 방법 과정을 객관적으로 평가하는 활동을 말한다. 실습평가는 실습기간 중에도 이루어지고 정규실습 후, 실습기관과 학교에서 평가한다. 이 결과는 '실습평가결과서' 양식에 의거하여 세밀하게 평가된다. 그리고 이 평가는 정규실습을 마치고 보육실습 지도교수의 추후실습평가 결과의 근거가 된다.

2) 실습평가의 내용

보육실습생들을 대상으로 하는 실습평가 기준은 양성기관에 따라 다소 다를 수 있다. 그러나 공통적인 평가 기준을 살펴보면 다음과 같다.

<표 2-9> 실습평가 기준

실습평가 영역	평가 항목
근무 태도	근무 상태(출 · 결석 상황), 성실성
일반 자질	유아에 대한 지도 능력
교수 학습 지도 능력	활동계획안 작성, 지도 기술, 교수매체 제작 능력
연구 조사 활동	연구태도 및 자세, 수업 정보 자료 수집 능력 등
학급 경영 및 사무처리 능력	생활 지도, 사무처리 능력 및 유아 관리

3) 실습평가방법

(1) 보육실습과정 종합평가

보육실습생에 대한 실습평가는 원장, 지도교사, 실습생, 그 외의 교직원들이 모여 관찰, 부분수업 및 종일수업의 종합적인 과정을 최종평가를 할 수 있다. 실습생을 평가할 때는 실습기간 중 보육실습생을 주의 깊게 관찰하고 모든 기록물을 충실히 점검하는 등 충분한 근거자료를 확보하여 타당성 있고 신뢰성 있는 평가를 해야 한다. 따라서 평가의 관점과 규준을 명확히 하여야 하며 보육시설의 원장님과 지도교사는 사사로운 감정에 치우치거나 형식적인 평가에 주의해야 하며 보육실습생의 자기 평가에 도움이 될 수 있도록 해야 한다.

(2) 실습생의 자기평가

실습을 마친 후, 실습생들은 어린이집에서의 관찰수업, 부분수업 및 종일수업 등을 통한 지도교사 및 원장의 평가와 실습의 최종평가를 참고로 하여 스스로 자기평가를 할 수 있다. 실습평가의 참고자료는 <표 2-10>과 같다.

<표 2-10> 실습생의 자기평가표

실습자: 대학교 년 성명 :
실습기간: 년 월 ~ 년 월

항목	내용	5	4	3	2	1
근무 상태	출근상태(4점: 지각, 조퇴 1회/3점: 결근 1회/2점: 결근 2회)					
	근무 성실성					
자질	적극성(민감성과 반응성)					
	협동(실습생 상호간, 협력적인 태도)					
	품위(복장, 언어, 행동)					
교육 연구	교재연구					
	보육계획안 작성					
	자료 준비					
	유아관찰					
	수업실연					
	실습일지 기재					
	일일평가 후 수업과정 반영					
기타	부모에 대한 태도					
	어린이집 일과에 대한 이해도					
	기타 사무 처리					
종합 평가		총점수				

* 출처: 서울시(2005). '보육시설의 설치와 운영' 참조.

다음은 보육시설에서 시행되고 있는 보육시설 평가인증지표(21인 이상)의 보육과정영역과 상호작용 영역의 평가 기준 항목들이다. 실습보육교사는 실습 시 지도교사의 수업관찰이나 수업실습 후 자기평가를 할 때, 다음의 영역을 기준으로 수업에 대한 평가를 해 볼 수 있다.

보육과정 영역

가. 보육활동 계획과 구성

1. 보육계획안 수립

( ) 연간, 월간 또는 주간 보육계획안이 계절, 영유아의 연령, 흥미를 고려하여 구체적이고 연계성 있게 수립되어 있다.
( ) 보육계획안은 구체적이나, 계절, 연령 등의 고려가 미흡하여 연계성이 적다.
( ) 보육계획안은 문서로 있으나, 구체적이지 않고 연계성도 없다.

2. 보육활동 계획의 균형

( ) 대집단 활동과 소집단 · 개별활동, 정적 활동(예: 이야기 나누기, 그림 그리기, 동화 듣기)과 동적 활동(예: 신체표현, 게임, 실외놀이)이 균형 있게 계획되어 있다.
( ) 위의 활동들이 모두 계획되어 있으나, 한두 가지 활동에 치우쳐 있다.
( ) 대집단 활동이 대부분이며, 주로 정적 활동 또는 동적 활동으로만 계획되어 있다.

3. 자유선택활동 시간

( ) 자유선택활동이 오전과 오후에 모두 이루어지며, 총 2시간 30분 이상이다.
( ) 자유선택활동이 오전 또는 오후에만 있으며, 1~2시간 이루어진다.
( ) 자유선택활동이 1시간 미만으로 이루어진다.

4. 일과의 통합적 운영

( ) 일과를 교과목 형태(예: 체육시간, 미술시간)로 구분하지 않으며, 통합적으로 운영한다.
( ) 교과목 형태로 나누지는 않았으나, 통합성이 적다.
( ) 교과목 형태로 나누어져 있다.

5. 일상생활 관련 활동

( ) 일상생활 관련 활동(예: 산책하기, 가게 가기)이 한 달에 2회 이상 이루어진다.
( ) 이상의 활동이 한 달에 1회 정도 이루어진다.
( ) 이상의 활동이 두 달에 1회 이하다.

6. 실외활동 시간

( ) 실외활동이 매일 1시간 이상이고, 날씨가 좋지 않을 경우 대체할 수 있는 활동이 있다.
( ) 실외활동이 주 3, 4회이거나, 매일 있어도 1시간 미만으로 이루어진다.
( ) 실외활동이 주 2회 이하다.

7. 보육과정 평가

( ) 정기적으로 보육과정 평가가 이루어지고, 평가 결과가 운영에 반영된다.
( ) 보육과정 평가가 이루어지나, 보육과정 개선에 활용되지 않는다.
( ) 보육과정 평가가 이루어지지 않는다.

<계속>

나. 보육활동

8. 대 · 소근육활동

( ) 실외나 실내 공간에서 대 · 소근육 활동을 매일 한다.

( ) 대 · 소근육 활동의 기회가 주 3, 4회 정도다.

( ) 대 · 소근육 활동의 기회가 주 2회 이하다.

9. 언어활동

( ) 듣기, 말하기의 기회가 다양하게 제공되고, 읽기, 쓰기(영아의 경우, 긁적거리기)에 관심을 갖도록 하는 활동을 자주 한다.

( ) 네 영역(말하기, 듣기, 일기, 쓰기)에 관련된 활동을 하나, 한두 영역에 치우쳐 있다.

( ) 언어활동이 거의 없거나, 학습지를 사용한 읽기, 쓰기 연습을 주로 한다.

10. 친사회적 활동

( ) 나누기, 협동하기 등 친사회적 활동 기회를 제공하며, 일상적 상황을 자연스럽게 활용한다(예: 놀잇감 나누기/공동 작업, 게임에서 협동하기/간식 돕기 등).

( ) 친사회적 활동 기회가 가끔 제공되거나, 보육교사의 일방적 지시를 통해서 이루어진다.

( ) 친사회적 활동의 기회가 거의 없다.

11. 기본생활습관 활동

( ) 예절과 질서 등의 기본생활습관에 관련된 활동이 자연스럽게 보육과정에서 경험된다(예: 쓰레기통에 휴지 버리기, 차례 지키기, 자기물건 보관하기 등).

( ) 예절과 질서 등의 기본생활습관에 관련된 활동을 가끔 한다.

( ) 기본생활습관을 보육활동으로 거의 다루지 않는다.

12. 사고력 및 탐구활동

( ) 다양한 실물 자료나 자연을 이용한 수 · 과학 활동을 자주 한다(예: 모양 · 색 · 크기 · 길이 분류, 일대일 대응, 수세기/ 동식물 관찰, 실험 등).

( ) 수 활동이나 과학 활동 중 어느 한 활동을 주로 한다.

( ) 수 · 과학활동을 거의 하지 않는다.

13. 창의적인 음률활동

( ) 다양한 동작 및 음악 자료를 활용하여 창의적인 표현활동을 자주 한다(예: 리듬악기로 다양한 소리 내기, 음악 듣기, 스카프나 리본 테이프로 표현하기 등).

( ) 교사를 따라하는 음률 활동이 많다(예: 노래 따라하기, 율동 따라하기 등).

( ) 음률활동을 거의 하지 않는다.

<계속>

14. 창의적인 미술활동

( ) 여러 자료를 활용하여 창의적인 미술활동을 자주 한다(예: 그리기, 만들기, 콜라주, 입체 꾸미기 등/영아의 경우, 긁적거리기, 간단한 가위질, 굵은 붓으로 그리기, 신문지 찢기 등).

( ) 미술활동을 하지만, 창의적 활동보다는 모방활동이 많다(예: 교사가 만든 견본작품 따라하기).

( ) 제한된 자료로 모방활동을 주로 한다(예: 색종이 접기 활동, 그리기, 폐품 하나로 만들기).

15. 역할 및 쌓기 놀이

( ) 다양한 종류의 역할 및 쌓기 놀이가 충분히 이루어진다(예: 상 차리기, 가족놀이, 병원놀이, 음식점 놀이/블록 쌓기, 동물원 꾸미기 등).

( ) 역할 및 쌓기 놀이를 하지만, 놀이시간과 놀이공간이 충분하지 않다.

( ) 역할 및 쌓기 놀이를 거의 하지 않는다.

상호작용 영역

가. 일상적 양육

1. 식사와 간식 시간

( ) 보육교사가 영유아의 바람직한 식습관과 자율성을 격려하고, 즐거운 분위기에서 대화를 나눈다(예: 개별 영유아의 요구를 반영하고, 학습기회로 활용함).

( ) 바람직한 식습관과 자율성을 격려하나, 항상 즐거운 분위기에서 대화를 나누지는 못한다.

( ) 보육교사가 집단 배식 및 급식에만 열중한다.

2. 영유아의 낮잠 시간

( ) 낮잠 시간을 마련하여 잠들 수 있는 분위기(예: 빛 차단, 음악 등)를 만들어 주고, 영유아의 개별적인 낮잠 습관을 수용한다.

( ) 낮잠 시간은 있으나, 잠들 수 있는 분위기와 개별적인 낮잠 습관 중에서 한 가지는 배려하지 못한다.

( ) 낮잠 시간이 없거나, 있어도 낮잠에 대한 배려가 없다.

3. 기저귀 갈기 및 화장실 사용

( ) 영유아의 기저귀 갈기, 화장실 사용에서 보육교사는 개별적 상호작용을 통해 영유아가 긍정적 경험을 갖게 한다.

<계속>

( ) 영유아의 기저귀 갈기와 화장실 사용에서 긍정적인 상호작용을 못하는 경우가 가끔 있다.
( ) 영유아와 개별적 상호작용을 거의 하지 않는다.

나. 교사의 상호작용

4. 영유아를 존중하는 교사의 말과 행동

( ) 보육교사는 대부분의 경우 개별 영유아에게 주의를 기울이고, 눈을 맞추면서 이야기하고, 즐거운 표정으로 말한다.
( ) 보육교사는 영유아에 대해 존중하는 말과 행동을 하나, 일관성이 없다.
( ) 보육교사는 영유아의 말을 무시하거나 거칠게 말하며, 주로 일과진행에 관해 이야기한다.

5. 영유아의 요구와 질문에 대한 교사 반응

( ) 보육교사는 영유아의 요구와 질문에 대해 언어 또는 신체적으로 적절하게 반응한다.
( ) 영유아의 요구와 질문에 부분적으로 반응한다.
( ) 영유아의 요구와 질문을 알아차리지 못하거나 무시하는 경우가 많다.

6. 영유아에 대한 교사의 평등한 대우

( ) 보육교사는 영유아의 성별, 발달적 지체 여부, 사회경제적 배경, 종교 등에 관계없이 영유아를 평등하게 대한다.
( ) 보육교사는 편견이 담긴 말고 행동을 가끔 한다(예: 특별히 선호하는 영유아의 옷에 대해 또는 "남자는 우는 게 아니야." 등의 언급).
( ) 보육교사는 편견이 담긴 말과 행동을 자주 한다.

7. 긍정적인 방법의 행동지도

( ) 비판과 위험, 부정적 방법(예: 소리치기, 벌 세우기, 채벌 등)으로 행동을 지도하지 않으며, 긍정적이고 효과적인 방법으로 지도한다.
( ) 행동 지도에 긍정적인 방법을 사용하나, 가끔 부정적인 방법도 사용한다.
( ) 행동 지도에 부정적인 방법을 자주 사용한다.

8. 또래 간 긍정적 상호작용의 격려

( ) 보육교사는 또래 간 협동, 나누기, 긍정적 정서표현 등의 상호작용을 자주 격려한다.
( ) 보육교사는 또래 간 긍정적 상호작용을 가끔 격려한다.
( ) 보육교사는 또래 간 긍정적 상호작용을 거의 격려하지 않는다.

9. 영유아의 자유놀이에 교사 참여

( ) 보육교사는 영유아의 놀이 상대로 참여하고, 놀이를 활성화시킨다.
( ) 보육교사는 영유아 놀이에 소극적으로 참여하거나, 놀이를 활성화시키지 못한다.
( ) 보육교사는 영유아 놀이에 거의 참여하지 않는다.

<계속>

10. 영유아의 부정적 정서 수용

( ) 영유아가 울거나 화내고 불안해할 때, 보육교사는 대체로 이를 받아 주고 보살펴 준다(예: 감정을 인정하고 위로하기, 안아 주기 등).

( ) 영유아가 울거나 화내고 불안해할 때, 받아 주지 못할 때가 가끔 있다.

( ) 영유아가 울거나 불안한 감정을 보일 때, 보살피지 못하는 경우가 많다.

11. 영유아 간의 다툼이나 문제상황 개입

( ) 보육교사는 영유아간의 다툼이나 문제에 대해 적절하게 개입하며, 그들 스스로 해결하도록 지도한다.

( ) 영유아 간의 다툼이나 문제를 영유아 스스로 해결하도록 지도하기보다 대부분 보육교사가 해결해 준다.

( ) 영유아 간의 다툼이나 문제에 보육교사의 개입이 거의 없다.

(3) 추후 실습평가

정규실습을 종료하고 학교에 돌아오면 지도교수와 실습에 관련된 종합적인 추후 실습지도가 이루어진다. 실습생들이 다양한 보육시설에서 실습한 내용을 교환함으로써 보육시설에 대한 폭넓은 정보를 가질 수 있다. 더구나 실습생들이 학습한 개인적인 견해가 현장에 대한 잘못된 인식을 할 수도 있다. 반대로 각 보육시설에서 학습한 효율적인 보육내용과 정보를 동료 학생들에게 제공함으로써 현장에 대한 간접경험이 이루어질 수 있다. 실습평가는 현장 이해에 대한 폭넓은 평가를 통하여 차후 실습이 이루어질 때 혹은 보육교사가 되었을 때 바람직한 보육교사 자질 향상에 도움이 되는 질적 평가라고 볼 수 있다.

실습 소감은 실습에 대한 전반적인 성찰을 기록하는 것이다. 실습의 목표와 달성도, 실습에서 감명받았던 체험, 실습에서 새로 발견한 과제 등을 중심으로 구체적으로 진술한다.

(4) 실습생의 자기평가 시 유의점

실습 마지막 날에는 어린이집의 선생님들과 평가를 갖게 된다. 바쁜 가운데 특별히 시간을 할애하기 때문에 실습생 자신도 평가내용을 정리하여 이야기할 수 있도록 준비해 두는 것이 중요하다(保育實習, 2004, p. 84).

① 문제점을 문장으로 해서 적어 둔다

- 활동 중에 어린이집의 정원에 서 있으니까 유아가 걱정스럽게 와서 "선생님! 재미없나요? 놀아요?" 라고 말해 주었다. 아이들이 보기에도 실습생이 걱정스럽게 보였나 보다. 그 후부터는 밝고 웃는 얼굴을 하려고 노력하였다.
- 유아에게 놀이를 하자고 했을 때 "선생님은 싫어." 라고 말하며 도망가 버렸다. 유아가 싫다고 말할 정도로 어떤 원인이 있었는지는 나 자신도 모르겠다. 그 일로 실습 중에 자신감이 없어졌다.

② 감정적인 반성으로 흘려버리지 않도록 한다

- 실습 전에는 불안했지만 아이들과 함께 하면서 즐거웠었다.
- 스스로 할 수 없다고 생각하였으나 유아가 도와주었기 때문에 잘할 수 있었다. 아이란? 귀엽다는 생각이 들었다.

이와 같은 감상을 가진 사람들은 많지만 '실습으로 무엇을 배웠는가?' 라고 하는 시점이 빠져 있다고 말할 수 있겠지요. 스스로 아무것도 하지 않고, 실습의 목표를 잊은 채 아이들의 반응에만 의존하는 것도 자기만족에 불과합니다.

③ 지도교사와 어린이집의 비판을 하지 않는다

- 실습을 하게 되면 문제점이나 모순을 알게 된다. 그러나 실습생이라는 입장을 잊어서는 안 된다. 비판적인 의견은 말하지 않도록 한다.
- 선생님은 아주 능숙하여 나도 흉내를 내어 보고 싶다고 생각한다.
- 놀잇감이 적다고 생각한다. 놀잇감이 적어서 아이들이 충분히 놀 수 없었다고 생각한다.

선생님을 '능숙하다.' 라고 칭찬하는 것은 지도교사를 칭찬하는 듯 하지만 실습생의 입장에서는 실례입니다. '놀잇감이 적다.' 고 지적하는 것은 참견일 수 있습니다. 실습생은 어린이집의 선생님이 아닙니다. 어린이집으로서의 방침과 가르치는 방법을 이해하지 않은 이와 같은 행동은 적절하지 않습니다.

④ 지도교사의 조언과 학교에서 배운 것을 실천해 본다

준호가 다른 아이들의 놀이 속에 들어가지 못하고 우물쭈물하고 있을 때, 나는 나무 잎사귀로 피리 만들기를 제안하였다. 준호가 피리를 만들고 불기 시작하자 다른 아이들이 모여들어 준호와 피리를 불면서 놀았다. 담임교사는 "준호가 놀이에 참여하도록 하는 방법이 좋았다."라고 말씀하셨고, 나는 배운 것을 적용하여 아이들의 놀이를 이끈 것이 뿌듯했다.

실습소감 사례 1

실습을 시작한 지가 엊그제 같은데 벌써 한 달이라는 시간이 지났다. 한 달이라는 시간을 돌이켜 생각해 보면 즐거웠던 일도 많았고, 아쉬웠던 일도 많았다. 그리고 아이들의 얼굴과 표정들이 생생히 생각이 났다. 사전실습을 돌아온 다음 날 학교에 가서 칠판을 보고 있으면 늘 아이들 얼굴이 둥둥 떠다니기도 했었다. 그리고 그 다음 주에 아이들을 만나면 정말 반갑고 기뻤다. 이번 실습 기간에 수업자료를 준비하면서 힘들기도 했지만 아이들이 재미있어 할 것 같은 생각이 들어서 들뜬 마음으로 준비를 하기도 했었다.

영아반에서의 실습은 나에게 새로운 경험이었다. 실습을 통해 영아반에서의 상호작용, 수업진행, 교재교구 등 많은 것을 배울 수 있었다. 영아용 교구를 만들며 바느질도 많이 했고, 어느 때보다 안전에 신경을 많이 썼다. 혹시 아이들이 손이라도 다칠까 봐 마감처리를 무엇으로 할지 많이 고민했고, 교구를 입에 잘 넣는 영아들인지라 본드의 사용도 가급적 하지 않으려 노력했다. 그동안 여러 수업을 계획하고 진행해 보면서 많이 느끼고 생각했다.

수업이 끝나면 항상 아쉬움이 많다. 내 나름대로는 계획을 꼼꼼히 했다고 하나 여전히 놓치는 부분들이 너무 많았다. 영아반에서 수업은 내 계획대로 진행되지 않았고 수업의 도입-전개-마무리 역시 잘 진행되지 못했다. 선생님의 조언처럼 영아반에서는 융통성 있는 진행이 필요한 것 같다. 평가시간을 통해 정말 좋은 가르침을 많이 받았다. 내가 발전할 수 있도록 도움을 주셨다. 아이들 중심으로 생각해야 한다고 늘 다짐하고 그렇게 하고 있다고 생각했는데 막상 내가 수업했던 장면을 사진과 동영상으로 보면 늘 교사 중심의 수업을 하고 있었다. 그리고 아이들이 진정 재미있어 할 때, 교사 역시 재미있고 기쁘다는 것을 느낄 수 있었다. 앞으로는 아이들과 내가 모두 즐겁고 행복하게 활동할 수 있는 것들을 생각하고 준비해야겠다.

어린이집에는 아침 일찍 와서 저녁 늦게 가는 아이들이 대부분이다. 그런 아이들을 보면서 하루 종일 어린이집에서 부모님과 떨어져 지내는 것이 안쓰러웠다. 그래

<계속>

서 좀 더 아이들을 따뜻하게 대해 줘야겠다는 생각을 가졌고 그 안쓰러움에 많은 생각과 고민이 생겼다. 교사의 역할은 참 어렵다는 생각이 들면서 참 중요하다는 생각 역시 든다. 그래서 늘 생각하고 노력하는 마음 따뜻한 선생님이 되고 싶다.

○○○실습생

실습소감 사례 2

막연한 두려움을 안고 시작한 보육실습이 어느덧 한 달이 지나 마지막 날을 맞이하게 되었다. 유치원 실습은 3월부터 일주일에 한 번씩 사전실습을 나가며 처음 아이들이 입학했을 때부터 적응하는 과정을 함께할 수 있었다. 그래서 유치원에서 실습은 아이들과 적응은 이미 끝난 상태로 시작할 수 있었다. 그러나 보육실습은 내 생애 한꺼번에 만 2세 아이들을 많이 본 적도 처음이고, 수업시간에 들은 것이 전부인 상태여서 걱정만 앞섰다.

내가 담당한 반은 만 2세반으로 15명의 아이들이 있었고, 선생님은 두 분이 계셨다. 처음 3일은 하루일과를 익히는 데 급급하였고, 아이들 이름과 얼굴을 맞춰 보는 시간이었다. 영아반에서 가장 중요한 것이 개별적인 상호작용을 익히 들어 알고 있었기 때문에 상호작용을 하기 위해서는 이름을 외우는 것이 필수조건이었다. 다행이도 아이들의 특성이 매우 달라서 쉽게 익힐 수 있었다.

하지만 아이들 이름과는 달리 하루일과에 적응하기는 너무 어려웠다. 아침 8시 반부터 저녁 6시까지 아이들과 부대끼며 지내고 나면 집에서는 거의 녹초가 되어 바로 잠

<계속>

이 들었다. 영아들의 체력이 대단하다고 새삼 느끼게 되었다. 그 이유는 대집단활동이 어렵기 때문에 대부분의 활동이 식사와 간식, 자유선택활동이 반복되었는데 자유선택활동에서는 영아들이 집중하는 놀이가 거의 몸으로 움직이는 활동이 많기 때문이다. 낮잠으로 휴식을 갖지만 쉬지 않고 움직이는 모습에 처음에는 감당하기 힘들었다.

또 한 가지 적응해야만 했던 것은 스킨십이다. 영아들은 슬퍼서 울 때도, 장난감을 빼앗겨 선생님에게 말을 할 때에도, 낮잠을 자고 잠이 덜 깬 상태에서도 선생님에게 안긴다. 안겨서 높은 곳에 있는 모빌이나 여러 가지 것들을 만질 수 있을 때는 너무나 행복한 얼굴을 한다. 또한 뽀뽀는 밥 먹는 것처럼 일상생활의 한 부분이 되어있다. 평소에 친구의 손도 별로 잡지 않던 나는 어색하고 아이들이 달려들 때면 거부감이 있기도 하였다. 그러나 지내면 지낼수록 이러한 스킨십은 지나치게 많이 한다고 해가 되는 것이 아니라는 것을 알았다. 스킨십을 통해 영아들은 마음을 위로받고 서로가 친밀해지는 계기가 되었다.

첫째 주가 어린이집에 적응하는 기간이었다면 둘째 주와 셋째 주는 수업에 대한 두려움에 휩싸였다. 발달 특성상 집중하는 시간도 길지 않고 산만한 이 아이들과 수업을 하기란 커다란 바다 속에서 허우적거리며 점점 깊이 가라앉는 것 같은 느낌이었다. 마냥 '담임선생님이 대단하시다.' 라는 생각밖에 없었다. 나는 이 아이들에게 어떠한 지식을 깨우쳐주기보다는 나의 수업시간이 함께 즐겁게 즐기면 된다고 생각하였다.

그러나 첫 번째 앞치마 동화수업에서는 떨리고 구분이 안 가는 주인공 목소리, 자료를 만지기 위해 나오는 아이들을 보며 당황하고, 아무리 질문을 해도 동문서답이거나 묵묵부답으로 일관하는 아이들을 보면서 거의 좌절상태였다.

두 번째 연계 수업은 활동이 많은 율동과 게임이었다. 솔직히 게임진행은 유치원 실습 때에도 가장 잘한 수업이었고, 교회 주일학교에서도 아이들과 함께 진행자로 많은 경험이 있었기 때문에 수월할 것이라고 생각했지만 예상과는 너무 달랐다. 영아들은 '기다린다' 라는 개념이 거의 없고, 그때마다 흥미를 이끄는 무언가를 던져주어야 하는데 게임을 두 팀으로 나눠서 하다 보니 나는 왜 안 시켜 주냐며 이야기를 하는 영아도 있었다. 또한 자기 순서임을 모르는 영아, 반환점(의자)을 돌고 오면 되는데 계속 의자를 돌고 있는 영아, 다른 팀의 의자를 돌고 있는 영아 등 생각하지도 못했던 문제점들을 많이 발견할 수 있었다. 또한 친구와 협동하는 것이 주제여서 2명이 자료를 같이 붙여 주는 게임이었는데 자기가 하겠다고 싸우는 영아도 있었다. 시간이 점점 길어져서 15분 계획했던 게임은 20분이 넘어가고 있었다. 수업을 마치고 나는 상기된 얼굴을 한 채 허탈한 웃음밖에 나오지 않았다. 그래도 처음 수업보다 많이 집중되며 영아들이 관심과 흥미를 보였다는 점에서 위안을 삼기로 했다.

<계속>

나는 문제점이 무엇인지 생각해 보다가 영아들의 발달 특성에 대해 잘 모르고 있었고 그 아이들마다의 파악이 부족하다는 결론을 내렸고, 해결책을 모색하였다. 실습 초반에 아이들의 발달 특징 조사한 것을 몇 번이나 읽고, 개개인의 특성을 파악하기 위해 노력하였다. 이러한 과정에서 자유선택활동은 특성을 파악하기 위한 가장 좋은 시간이었다.

매일 관찰일지를 쓰는 것이 처음에는 많은 부담이 되었지만 의무적으로 해야 한다는 부담감에서 나도 모르게 관찰하면서 몰랐던 점을 발견하게 되었다. 한 예로 영아들은 하루에도 기분의 변화가 매우 심하다. 자유선택활동 중 한 영아가 장난감을 가지고 놀고 있는데 다른 영아가 와서 같이 놀자고 하였다. 그러나 싫다는 대답을 듣고 그 영아를 꼬집고 "미워."라는 말과 함께 그 영아의 장난감을 던져버렸다. 분명히 친구와 사이좋게 놀려고 하지 않은 영아에게도 잘못이 있지만 결과로 봤을 땐 울고 있는 영아는 장난감을 빼앗긴 영아였다. 장난감을 던진 영아에게는 왜 장난감을 던지고 친구 아프게 꼬집냐고 말을 했다. 그러나 분명 내가 꾸지람을 하던 영아도 자신의 속상한 기분을 표현하고 싶었고 더욱 속상해졌을 것이다. 결국 그 영아도 울음을 터트리고 말았다. 아이들의 울음은 하나의 표현 수단이라는 것을 이번 기회를 통해 알게 된 새로운 사실이었다.

마지막 연계수업과 종일수업은 내 생애에 있어서 가장 오버를 한 날이었다. 물론 영아들에게는 그러한 모습이 더 자연스럽게 받아들여질 것이라고 생각했다. 일단 나는 손유희 하나부터 나에게서 찾아볼 수 없었던 모습을 많이 표출하였다. 특히 영아들의 이름을 집어넣어서 손유희를 하면 집중도 잘 되고 매우 좋아한다는 것을 이용하여 주의 집중을 하였다. '오리가족' 손유희는 각각의 영아의 이름을 넣어 하는 손유희로 많이 사용하였다. 또한 목소리의 강약과 조절, 다양한 목소리를 많이 하려고 하였다. 예를 들어, 영아들이 집중을 안 한다고 무조건 큰 소리로 "얘들아 여기를 볼래!" 하며 애원하는 것이 아니라 목소리를 작게 한다든가, 여러 가지 소리를 내어서 흥미가 있도록 하였다. 마지막으로 영아들이 직접 참여하는 활동이 좋다고 생각하였다.

담임선생님도 종일실습 때 자신의 겨울 옷 꾸미기(천 콜라주), 작은 악대(마라카스로 연주하기) 활동들을 통해 아이들이 직접 참여하여 그 속에서 즐거움을 느끼게 한 좋은 시간이었다고 평가하였다.

이러한 수업 방식 또한 많이 배웠지만 또 한 가지 깨달은 것은 전이활동의 중요성이었다. 특히 영아들은 활동과 활동 사이에 어떤 것을 구체적으로 정해 주지 않으면 바로 질서가 무너지고 집중이 되지 않기 때문에 전이활동이 절대적으로 중요하였다. 화장실을 가거나 물을 마시는 것도 가고 싶은 친구들 다녀오라고 하는 것은 7세나 가능한 이야기였다. 나는 한 줄 기차를 하여 줄을 세우고 인원수를 정해 주어 한곳에 몰리는 일이 없도록 해야 했다.

<계속>

하루 종일 원에 있는 아이들은 자신이 보는 경험 속에서 지식의 체계가 정립되는 이 시기에 경험의 대부분을 교사와 함께한다. 그만큼 영아반의 교사는 다른 연령의 교사보다 더욱 어머니 같은 존재여야 하고 더욱더 사랑을 주어야 한다는 것을 깨달았다. 하지만 어머니 같은 존재로 인식되기까지의 교사의 노력은 정말 헌신적이다. 나는 특히 아이들의 이를 닦아 주거나 세수를 시킬 때, 낮잠을 재울 때 더욱더 친밀함을 부여해 주고 교사로서 어머니상이 되어 가는 과정이었던 것 같았다. 비록 몸은 너무나 피곤하였어도 현장 경험 속에서 얻어지는 많은 열매들이 훗날 나의 생활 속에 많이 뿌리내릴 것이라고 생각한다. 또한 항상 객관적으로 평가해 주시고 격려해 주셨던 담임선생님들뿐만 아니라 오며 가며 친근하게 대해 주셨던 다른 선생님들과 조리선생님까지 나의 힘든 실습 과정을 성숙한 열매로 거듭나게 해 주셨던 분들이었다. 시작과 끝은 항상 동시에 존재하므로 실습을 마치고 사회로 나가는 이 시점에서 여기에서의 소중한 추억과 배움을 밑거름으로 성장해나갈 것이다.

○○○실습생

제3장 보육실습을 위한 아이디어

1. 영유아와 친숙해지는 자기소개법
2. 간단한 손유희
3. 좋은 그림책 선택하기
4. 실습일지 잘 쓰기
5. 피로를 회복하는 체조
6. 실습보육교사의 갈등 해결하기
7. 좀 곤란해! 이럴 때 어떻게 할까?
8. 실습기관에 감사편지 쓰기
9. 실습경험 확장 아이디어

1. 영유아와 친숙해지는 자기소개법

★ 인형으로 자기소개하기 ★

① 여러분, 안녕하세요?

② 내 이름은 ○○○입니다.

③ 오늘은 내가 아주 좋아하는 친구를 데리고 왔어요.

④ ○○○선생님이 ○○어린이집 친구들을 만나고 싶다고 해요.

* 포인트 *

① 손인형을 사용해서 인형과 대화를 하면서 자기소개를 한다.

② 직접 제작하거나 천으로 만든 곰 인형을 사용할 수 있다.

③ 영유아들이 친숙해질 수 있도록 가방, 모자 등 실습하는 어린이집과 같은 것을 만들어 입히면 영유아들이 더욱 좋아한다.

★ 타악기를 사용하여 자기소개하기 ★

① 여러분, 안녕하세요?

② 내 이름은(빨리 앞치마 속에 숨겨 놓은 악기를 꺼내어 친다.)

③ ○○○선생님입니다.

④ 여러분도 함께 불러 주세요.

⑤ 고마워요.

* 포인트 *

① 소리를 내면서 리듬을 넣어서 진행해 본다. 타악기는 리듬이 확실하지 않아도 좋다(예: 짝짝이, 탬버린, 소북).

② 이름을 타악기 치는 방법에 맞추어 소개한다.

2. 간단한 손유희

손유희란 손동작, 즉 손을 움직여 감정, 사물, 여러 가지 자연 현상 등을 표현하는 것이다. 이러한 손유희는 영유아들의 감수성과 상상력을 키워 주고 표현능력을 향상시켜 줄 수 있다. 영유아기에는 정신적, 신체적 발달이 동시에 이루어지기 때문에 손유희는 영유아들에게 즐거움을 줄 뿐만 아니라 학습 면에서도 매우 유용하게 작용되며 주의집중과 전이활동으로 사용될 수 있다.

첫째, 언어에 리듬을 넣어 표현하다 보니 다양한 어휘력이 개발된다. 손유희를 통해 어휘력이 발달된 영유아들은 어휘를 적절하게 구사할 수 있으며, 적합한 감정 표현을 할 수 있다.

둘째, 인지능력이 발달된다. 숫자세기, 크기, 형태, 분류, 비교 등 기본적인 인지 개념을 학습할 수 있기 때문이다.

셋째, 손유희를 통해서 두뇌 발달이 촉진되므로 학습능력, 주의집중력, 기억력 등이 길러진다. 지능이 발달하는 영유아기에 손유희를 통해 손을 많이 움직이면, 대뇌의 신경을 자극하여 지능 발달에 영향을 미치기 때문이다.

넷째, 다양한 표현력을 통해 창의력과 상상력이 발달된다. 구체적인 사물뿐만 아니라 추상적인 개념까지 표현할 수 있는 능력이 생긴다.

다섯째, 자신감과 표현력이 길러진다. 손유희를 하면서 영유아들의 억압된 감정을 해소할 수 있고 불안과 욕구불만에 대한 긴장이 풀리게 되며 심리적 안정감을 가져오고, 이러한 심리적 안정감은 곧 자신감을 불러일으킨다.

★아빠별 엄마별★

① 아빠별이 올라갑니다(오른손을 반짝이며 머리 위로 올린다).

② 엄마별이 올라갑니다(왼손을 반짝이며 머리 위로 올린다).

③ 하늘에서 만났습니다(머리 위의 오른손과 왼손으로 박수를 한 번 친다).

④ 예쁘게 내려옵니다(오른손과 왼손을 깍지를 낀 후 천천히 내려온다).

⑤ 머리 위에 앉을까?(양손을 머리에 대고)

⑥ 싫어~ 싫어~(⑤의 상태로 고개만 흔든다)

⑦ 어깨 위에 앉을까?(양손을 어깨위에 살짝 올린다)

⑧ 싫어~ 싫어~(⑦의 상태로 고개를 흔든다)

⑨ 배꼽 위에 앉을까?(양손을 배꼽위에 살짝 댄다)

⑩ 싫어~ 싫어~(⑨의 상태로 고개를 흔든다)

⑪ 엉덩이에 앉을까?(양손을 엉덩이에 살짝 댄다)

⑫ 싫어~ 싫어~(⑪의 상태로 고개를 흔든다)

⑬ 무릎 위에 앉을까?(양손을 무릎위에 살짝 올려놓는다)

⑭ 좋아~! 좋아~!(⑬의 상태로 고개를 끄덕인다)

★나는콩★

① 나는 콩(오른손 검지, 엄지로 동그라미를 만든다), 나는 콩(왼손 검지, 엄지로 동그라미를 만든다)

② 땡글땡글 콩(양손의 동그라미를 흔든다)

③ 떼구르르 굴러서(양팔을 앞으로 엇갈려서 돌리며)

④ 프라이팬으로 들어갔었지(양팔을 앞으로 내밀어 둥근 모양을)

⑤ 어어어어 아이 뜨거워! 아이 뜨거워! 어어어어 아이 뜨거워! 아이 뜨거워!(뜨거운 프라이팬 위에 콩은 어떨지 아이들에게 표현해 보게 한다)

① 나는 콩(오른손 검지 엄지로 동그라미를 만든다), 나는 콩(왼손 검지 엄지로 동그라미를 만든다)

② 땡글땡글 콩(양쪽의 동그라미를 흔든다)

③ 떼구르르 굴러서(양팔을 앞으로 엇갈려서 돌리며)

④ 냉장고로 들어갔었지(양팔을 앞으로 내밀어 둥근 모양을)

⑤ 어어어어 아이 추워! 아이 추워! 어어어어 아이 추워! 아이 추워!(뜨거운 프라이팬 위에 콩은 어떨지 아이들에게 표현해 보게 한다)

'프라이팬' 부분을 '어린이집'으로 '아이 뜨거워!' 부분을 '쉿! 쉿!'으로 바꾸어 해 볼 수 있다. 그 외에 사물 또는 장소를 다양하게 바꾸어 해 본다.

★돼지 삼형제★

① 첫 번째 돼지가 집을 짓는데(손가락으로 1을 만들어)
② 짚으로 차곡차곡 집을 짓는데(손을 차곡차곡 포갠다)
③ 늑대가 나타나서 후~! 늑대가 나타나서 후~!(늑대 흉내 낸 후 입으로 바람을 분다)
④ 무너져 버렸네(양손을 휘저으며 아래로)

① 두 번째 돼지가 집을 짓는데(손가락으로 1을 만들어)
② 나무로 차곡차곡 집을 짓는데(손을 차곡차곡 포갠다)
③ 늑대가 나타나서 후~! 늑대가 나타나서 후~!(입으로 바람을 분다)
④ 무너져 버렸네(양손을 휘저으며 아래로)

① 세 번째 돼지가 집을 짓는데(손가락으로 1을 만들어)
② 벽돌로 차곡차곡 집을 짓는데(손을 차곡차곡 포갠다)
③ 늑대가 나타나서 후~! 늑대가 나타나서 후~!(입으로 바람을 분다)
④ 튼튼하겠네! 튼튼하겠네!(양팔을 엇갈려 어깨 위로 쳐든다)

★누구누구 어디 있나?★

① ○○는 어디 있나?(두 손을 허리에 대고 고개를 갸우뚱하며)
② 여기~(손가락으로 부른 사람을 다 같이 가리킨다)

① 선생님은 어디 있나?(두 손을 허리에 두고 고개를 갸우뚱하며)
② 여기~(손가락으로 가리킨다)

위의 부분을 여러 번 반복하여 친구들을 찾아보기 놀이도 한다.

★작은 동물원★

① 삐약삐약 병아리~(두 손을 입에 대고 병아리 부리를 만든다)

② 음매음매 송아지~(양손의 검지를 머리 옆에 각각 붙이고 까딱까딱한다)

③ 타당타당 사냥꾼~(양손 모두 엄지와 검지로 가위모양 총을 쏘는 모습을 오른쪽에서 왼쪽으로 한다)

④ 뒤뚱뒤뚱 물오리~(양손을 허리에 대고 뒤뚱거리는 모양을 한다)

⑤ 푸~푸 개구리(양손으로 헤엄치는 흉내를 낸다)

⑥ 집게, 집게, 집게 가재~(양손의 검지와 중지를 가위 모양으로 만들어 옆으로 걷는 게 흉내를 낸다)

⑦ 푸르르르르르륵 물풀!(양손을 위에서 아래로 흔들며 내리고 '물풀' 할 때는 양손을 모으다가 편다)

⑧ 하나 둘 셋 넷 소라!!(손뼉을 4번 친 후, '소라' 할 때 모두 바닥에 엎드린다)

★커다란 밤나무★

① 커다란 밤나무에(양손을 머리 위로 모은다)

② 동그란 밤이 많이 열렸어요(가슴 앞에서 손을 동그랗게 2번 한다)

③ 나무 밑에 있던(양손을 허리에)

④ 귀여운 다람쥐가(양손을 엇갈려 대고 까딱거린다)

⑤ 쪼르르 쪼르르 나무 위로 올라갔어요(양손을 달리기 하듯 움직인다)

⑥ 귀여운 다람쥐는(양손을 엇갈려 대고 까딱거린다)

⑦ 동그란 밤을(가슴 앞에서 손을 동그랗게 1번)

⑧ 한 개, 두 개, 세 개……(손가락으로 수만큼 나타내며)

⑨ 세 개나 먹었대요(손가락으로 수만큼 나타내며)

⑩ 아이 배불러!(양손으로 배를 두드린다)

★곰을 잡으러 갑시다★

① 곰을 잡으로 갑시다(양손을 앞으로 하나씩 내저으며)

② 수풀 사이를 헤치고(양손을 번갈아 옆으로 헤치며)

③ 헤엄쳐서 갑시다(수영하듯)

④ 나무 위로 올라가(양손을 번갈아 기어오르듯)

⑤ 이리저리 살피고(손을 이마에 대고 두리번거리듯)

⑥ 다시 다시 내려와(양손을 번갈아 아래로 내린다)

⑦ 성큼 성큼 걸어가(양손을 구부려 앞으로 번갈아 내저으며)

⑧ 살금살금 기어서(⑦을 동작과 소리를 작게)

⑨ 쉿!

⑩ 곰이다!(양손을 앞으로 들고 큰 소리로)

★대문 박수★

① 삐그덕 짝(양손을 각각 엄지를 펴고 주먹을 쥐고 앞으로 모으고, 오른쪽 주먹을 옆으로 길게 당기듯 하고 손뼉을 1번)

② 찌그덕 짝(양손을 각각 엄지를 펴고 주먹을 쥐고 앞으로 모으고, 왼쪽 주먹을 옆으로 길게 당기듯 하고 손뼉을 1번)

③ 삐그덕 찌그덕 짝짝(①②의 부분을 연달아 하고 손뼉을 2번)

④ 열고 짝(양손을 각각 엄지를 펴고 주먹을 쥐고 앞으로 모으고, 양손을 옆으로 벌리고 손뼉을 1번)

⑤ 닫고 짝(양 주먹을 옆으로 벌린 상태에서 주먹을 아래로 하여 앞으로 모으고 손뼉을 1번)

⑥ 열고 닫고 짝짝(④⑤의 부분을 연달아하고 손뼉을 2번)

3. 좋은 그림책 선택하기

(1) 좋은 동화책 고르기

영유아들에게는 동물, 식물, 곤충, 어린아이를 등장인물로 꾸민 이야기가 좋다. 호기심과 상상력을 유발시키고, 이해하기 쉬운 주제와 쉽고 간결한 문체로 된 것, 되도록 씩씩한 주인공이 등장하는 흥미로운 이야기가 좋다.

① 흥미로운 내용이어야 한다

영유아들에게는 씩씩한 주인공이 등장하는 동화가 좋다. 주인공의 구체적인 행동이 표현되면서 동화의 주제가 살아 있는 동화책을 선택한다.

② 어린아이가 등장하는 이야기가 좋다

아기오리, 아기 곰 등 동화를 듣는 아이와 비슷한 또래 주인공이 등장하는 이야기가 좋다. 영유아 자신과 주인공을 일치시켜 재미를 느끼게 된다.

③ 호기심과 상상력을 유발시키는 것이 좋다

영유아의 호기심과 상상력을 유발시킬 수 있도록 점층적으로 전개되거나 유머가 가미된 내용이 좋다.

④ 주제가 쉬운 책을 선택한다

이해력이 높지 않은 영유아들에게는 주제가 쉬운 책을 선택하는 것이 중요하다. 어려운 책은 재미를 못 느끼고 거부감을 갖게 만든다.

⑤ 말이 변화 있게 쓰인 것을 고른다

의성어나 의태어는 이해를 돕고 재미를 느끼게 한다. 재미있는 의성어나 의태어를 반복적으로 사용하는 등 감각적인 말이 변화 있게 전개되는 책이 효과적이다.

⑥ 리듬감을 살린 책이 좋다

리듬감 없이 일정하게 전개되는 책은 아이에게 흥미를 주지 못한다. 반복과 대조를 통해 적절하게 리듬감을 살린 책을 선택한다.

⑦ 행복한 결말인 것이어야 한다

사건이 단순하고 명쾌하게 진행되면서도 행복한 결말을 이루는 내용의 동화가 좋다. 되도록 부정적이고 슬픈 주제는 읽어 주지 않는 것이 좋다.

⑧ 아이의 언어 수준에 적합해야 한다

영유아의 언어 수준에 적합한 책을 골라 읽어 주어야 효과적이다. 언어 수준을 고려하지 않은 책은 아이의 흥미를 유발시킬 수 없다.

⑨ 그림과 글이 조화를 이루어야 한다

그림은 이야기를 충분히 말해 줄 수 있어야 하고 세부적인 내용과도 정확하게 일치해야 한다. 그림의 색깔, 선, 형태, 질감이나 모양 등도 전체적인 조화를 이루어야 한다.

⑩ 풍부한 언어가 표현된 책이 좋다

언어적 표현이 많은 책을 선택하는 것이 좋다. 아이가 책을 읽거나 보면서 현실을 이해하거나 새로운 지식을 습득하고 상상력을 발휘할 수 있도록 풍부한 언어가 표현되어야 한다.

(2) 연령에 적합한 동화책

① 0~1세를 위한 책

- 태교를 위한 짧은 이야기책

『엄마 엄마, 이야기해 주세요』(보림), 『날개를 기다리며』(베틀북).

여러 이야기들이 묶여 엄마, 아빠가 읽기에도 재미있다. 이 책들은 아기가 태어나면 그때는 아이에게 직접 들려 줄 수 있어서 더욱 좋다.

- 감각 발달 그림책

『첫 두뇌 개발 초점 맞추기』(삼성출판사), 『감각 쑥쑥 그림책』(시공사).

이 시기엔 감각 발달을 목적으로 하는 그림책이 좋으며, 특별한 내용은 없지만 적극적인 아이디어로 빛나는 책을 만들 수 있다. 예를 들면, 『첫 두뇌 개발 초점 맞추기』를 읽어 줄 때는 "♪ 기찻길 옆 오막살이…"와 같은 명랑한 노래와 함께 접었다

폈다 하면서, 누워 있는 영아와 눈을 맞춘다.

• 사물 인지 그림책

『곰돌이 아기 그림책』(웅진), 『느낌 쏙쏙 그림책』(아가월드).

1세가 되어 가면 아기는 누워서 바라보던 세계와 다른 세계를 만나게 된다. 앉거나 걸어가려는 영아에게는, 주변에서 쉽게 만나는 사물을 알려 주는 그림책이 좋다. 『곰돌이 아기 그림책』은 아기가 만나는 물건들이 등장하기 때문에 매우 쉽고 편안한 책이며, 『느낌 쏙쏙 그림책』은 직접 사물의 촉감이나 향기를 맡을 수 있어 좋다.

② 1~3세를 위한 책

• 짧은 생활 그림책

『가족 1 · 2 · 3』(초방), 『프뢰벨 뽀삐 시리즈 인지 발달을 위한 그림책』(베틀북).

가족에 대해 알 수 있는 책. 『가족 1 · 2 · 3』은 가족이 한 명씩 등장하면서 그 구성원에 대해서도 알아가고, 수의 개념도 배우는 책이다. 이때 읽는 인지 관련 책들은 앞으로 아기들이 살아가면서 지켜야 할 작은 약속들을 처음으로 익히는 것이기도 하다.

• 언어나 그림이 반복되는 그림책

『구두구두 걸어라』(한림), 『두드려 보아요』(사계절).

옹알이에서 말하기로 넘어가는 아기들은 역시 리듬감 있는 그림책을 좋아한다. 『구두구두 걸어라』를 읽고 나서는 영아와 산책을 나가서 "구두구두 걸어라, 쿵쿵쿵…" 하고 문장을 반복해서 들려 주면, 처음 걷는 아이의 발걸음이 더욱 흥겨운 놀이가 될 것이다.『두드려 보아요』는 영아와 직접 방마다 두드려 보면서 방 안에 무엇이 있는지 알아보는 놀이로도 활용할 수 있다.

• 만지고 노는 그림책

『입이 큰 개구리』(미세기), 『짠 까꿍 놀이』(웅진).

혼자서 그림책과 친해지는 것에는 플랩 북이 좋다. 『짠 까꿍 놀이』는 얼굴을 가리고 있던 동물들이 '짠' 하고 등장하는 재미있는 그림책이다. 『입이 큰 개구리』 역시 펼치면 약간은 익살맞은 개구리가 등장한다. 이런 책들은 영아들이 책을 펼치는 재미를 알게 해 준다.

③ 3~5세를 위한 책

- 4줄 정도 짧은 글이 있는 이야기 그림책

『황소 아저씨』(길벗어린이), 『바바 빠빠』(시공사).

이젠 그림도 중요하지만 글도 조금은 생각하면서 골라주도록 한다. 이때야말로 많은 창작동화를 읽을 시기다. 그림책의 맛은 역시 '상상력' 에 있다고 할 수 있다. 다양한 작가의 다양한 상상력이 펼쳐지는 그림책은 어떤 지식보다도 성장의 훌륭한 밑거름이 될 것이다. 특히 한국 작가의 창작 그림책을 읽어 주어 유아에게 한국적인 정서를 길러 주는 것도 중요하다.

- 아이가 좋아하는 대상이 나오는 책

『옛날에 공룡들이 있었어』(비룡소), 『세상에서 가장 커다란 곰』(웅진).

보통 3~5세 정도 되는 유아들은 자신이 좋아하는 사물이나 동물이 나오는 그림책을 좋아한다. 공룡, 자동차, 곰, 펭귄, 병아리…. 좋아하는 소재도 다양하고 이럴 때는 좋아하는 소재를 다양한 각도에서 접근하는 책들을 골라 주도록 한다. 예를 들어, '공룡' 이면 공룡 전체 그림 , 공룡의 삶, 공룡이 살았던 시대에 산 동물, 공룡 만들기 등… 간혹 너무 한 가지에만 집중하는 것이 아닌가 걱정도 되지만 이 시기가 지나치게 길지만 않다면 오히려 바람직하다. 특히 좋아하는 주제에 대해 다양한 접근 방식을 경험한 아이들은 다양한 사고를 하는 방법을 점차 터득해 나간다.

- 상상력을 발휘한 그림책

『바다기린』(베이비북스), 『손 큰 할머니의 만두 만들기』(재미마주).

상상력이 창의력으로 연결된다는 것은 모두 아는 이야기일 것이다. 황당한 듯하지만 기발한 상상이 있는 책… 환상 이야기, 도깨비 이야기, 상상에 의해 과장된 이야기들은 유아들 스스로 상상하는 방법을 알려 준다. 『바다기린』은 저 멀리 바다 위에 떠 있는 배 한 척의 모습을 보고 상상해 본 이야기지만 정말 바다 위에서 바다기린을 만날 수 있을 것 같은 느낌이 드는 책이다.

④ 5~7세를 위한 책

- 글이 5~7줄 정도 있는 이야기 그림책

『강아지 똥』(길벗어린이), 『선인장 호텔』(마루벌).

이야기 구조가 조금은 복잡하더라도 이제 유아들은 여러 번 읽어 가면서 이해하는는 과정을 거치게 된다. 『강아지 똥』, 『선인장 호텔』은 사고력을 키워 주고, 인간 이외의 여러 사회, 과학 현상에도 관심을 보인다. 그래서 이 나이 때는 다양한 관심사와 영역의 그림책에 도전해 볼 만하다.

• 세계 전래동화

『멋쟁이 원숭이의 목걸이』(국민서관), 『까막 나라에서 온 삽사리』(통나무).

전래와 명작을 꼭 읽어야 한다고 생각하는 어른들이 많지만, 사실 무엇이든 '꼭'이라는 제한은 없다. 하지만 이때 읽어 두는 전래동화는 사고력과 판단력, 그리고 도덕심을 키워 주며, 특히 한국의 것들 외에 다른 나라의 전래동화도 읽어 주어, 다른 세계에도 관심을 갖도록 해 주는 것이 좋다. 세계를 알기 위해 지도를 외우는 것보다도 오히려 외국 전래 이야기를 읽으면 세계에 대한 이미지를 갖게 되어 훨씬 이해도가 높아질 것이다.

• 인간관계에 대한 그림책

『엄마의 의자』(시공사), 『부루퉁한 스핑키』(비룡소).

유아가 커가면서 친구, 형제, 부모님과 여러 갈등 상황이 생기게 마련이다. 이런 갈등의 문제가 있는 책은 아이들이 싫어할 거라 생각하지만 사실 유아들은 이런 갈등을 어떻게 풀어 나가는가에 대한 관심이 높다.

(3) 인기 있는 동화책

『언제까지나 너를 사랑해』(북뱅크)

한 아이가 태어나서 아빠가 될 때까지의 과정을 통해 부모와 자녀 간의 사랑을 보여 준다. 이 책의 매력은 반복적으로 나오는 '자장가' 같은 후렴부분이다. '너를 사랑해 언제까지나' 로 시작하는 후렴구는 성장하는 아이의 나이에 따라 새로운 느낌으로 다가온다. 갓 태어난 아기를 품에 안고 불러 주기도 하고, 온갖 말썽을 부리는 아이가 잠든 후 아이의 머리를 쓰다듬으며 불러 주기도 한다. 어머니가 나이가 들어 움직이기가 불편하자 아들이 찾아와 어머니를 꼭 안고서 노래를 불러 준다. 그리고 막 태어난 자신의 아기를 품에 안고 자장가를 불러 준다. 세대와 세대를 이어 주는 사랑의 힘을 느낄 수 있다.

『누가 내 머리에 똥 쌌어?』(사계절)

어느 날, 두더지는 기분 좋게 땅 위로 올라왔다가 그만 똥 세례를 받는다. 화가 난 두더지는 누가 자기 머리 위에 똥을 쌌는지 알아내려고 길을 나선다. 하지만, 만나는 동물마다 자신의 똥을 직접 보여 주면서, 자신이 범인이 아니라고 한다. 그러는 과정에서 두더지는 정육점집 개 한스가 자신의 머리 위에 똥을 쌌다는 것을 알게 된다. 『누가 내 머리에 똥 쌌어?』는 어린이에게 시원한 웃음을 선물하는 익살스런 책이기도 하지만 온갖 동물들이 배설하는 똥의 모양, 빛깔과 질감, 배설할 때의 소리, 냄새 등이 구체적으로 표현된 작품이다. 아이들이 좋아하는 의성어와 의태어는 물론 적절한 비유를 사용하면서 똥을 마치 보석 전시장처럼 아름답게 펼쳐놓은 그림책이라고도 할 수 있겠다.

『우리 몸의 구멍』(돌베개 어린이)

만 3세가 되면 유아들은 자기 몸에 대해 적극적인 관심을 갖기 시작한다. "이건 뭐야" "왜?" 등 쉴 새 없이 퍼붓는 아이들에게 어떻게 적절하게 설명을 해 줄 수 있을까? 이 책은 우리 몸에 대한 대답하기 힘든 질문들에 대해 놀이처럼 이야기해 주고 있다. 이야기를 엮어 가는 것은 다름 아닌 구멍! 책은 까만 점을 그려 놓고 이것이 뭘까?라는 질문으로 시작한다. 답은 물 빠진 구멍, 샤워기의 구멍, 터널의 구멍 등 주위에서 흔히 볼 수 있는 구멍들이다. 우리 몸에도 이런 구멍들이 있을까? 많다. 콧구멍, 땀구멍, 입, 귀 등등 우리 몸은 구멍으로 이루어졌다고 해도 과언이 아니다. 몸의 구멍들을 설명하면서 그것의 생김새와 하는 일들을 자세히 일러 준다. 놀이처럼 읽어 가면서 자연스럽게 학습효과를 맛보는 책이다. 짧은 문장과 반복되는 구조, 그러나 지루하지 않게 하면서 운율감도 느낄 수 있도록 구성되었다.

『무지개 물고기』(시공 주니어)

무지개 빛이 나는 비늘을 가진 무지개 물고기는 잘난 체를 해서 친구가 없다. 외로움을 느낀 무지개 물고기에게 문어 할머니는 아름다운 비늘을 동무들에게 나눠 주라고 한다. 비늘을 하나씩 다른 물고기에게 떼어 주고 났을 때 다른 물고기들 사이에서 편안하고 행복함을 느낀다. 함께 나누고 살 때, 참 기쁨과 행복이 있음을 보여 준다.

『난 토마토 절대 안 먹어』(국민서관)

롤라는 조그맣고 아주 웃기는 아이이다. 가끔은 부모님이 오빠 찰리에게 롤라의 밥을 차려 주라고 하지만 롤라는 말도 못하게 까다롭다. 콩하고 당근하고 감자하고 버섯하고 스파게티하고 달걀하고 소시지는 싫다고 하고, 토마토는 절대로 안 먹는다고 한다. 찰리는 그런 롤라를 위해 좋은 꾀를 낸다. 당근은 '오렌지뽕 가지뽕' 이라고 하고, 으깬 감자는 '구름 보푸라기' 라고 한다. 콩 요리는 '초록방울' 이고 생선 튀김은 바다 인어들이 먹는 '바다 얌냠이' 로 변한다. 그리고 이제 롤라의 식사 시간이 완전히 달라진다.

4. 실습일지 잘 쓰기

실습일지는 보육의 진풍경이라고도 말한다. 그것은 현장과의 최초의 만남이고 거기에 보고 느끼고 생각한 것과 지도를 받은 것을 기록하기 때문이다. 선배교사들은 현장에서 일이 잘 풀리지 않을 때는 실습일지를 다시 한 번 읽어 보라고 말한다. 보육교사가 되려고 하고 있는 '지금' 을 위하여, 그리고 '미래' 를 위하여, 성실하게 기록하여 도움이 되도록 한다. 실습일지는 다음과 같은 특징을 지닌다.

① 일지는 실습생이 하루일과를 관찰한 것과 자신의 수업활동을 기록하고 평가하기 위해 적는 것이다. 수업활동의 관찰한 내용을 구체적으로 기록한다.

② 보육계획안의 목표는 명확하고 내용 및 방법이 간결하면서도 구조적이고 체계적으로 짜여져야 한다. 하루일과는 영유아의 일상적인 양육과 학습원리에서 강조하는 내용들이 반영되도록 지도교사의 지도와 조언을 구한다.

③ 현장에서의 지도는 구체적으로 기록한다. 지도교사의 지도내용, 조언을 구체적으로 기록하며, 하루일과에서 관찰, 자기활동 등의 내용을 자기평가를 통해 꼼꼼히 적도록 한다.

④ 영유아 관찰은 아이들의 눈높이에 맞추어 지금 무엇을 느끼고 생각하고 있는가를 생각하면서 기록한다. 아이들의 내면은 말뿐만 아니라 표정과 몸짓, 시선과 손가락 움직임 등 미묘하고 섬세한 곳에서 표현되기도 한다.

⑤ 일지는 그날 보육이 끝나고 되돌아보면서 쓴다. 멈추지 않고 전개되는 현장에서 생기는 일은 잊어버리는 일도 있다. 손바닥 크기의 메모수첩을 준비하여 중요한 것은 방해가 되지 않는 정도에서 재빠르게 메모한다.

⑥ 실습일지는 실습 중에 자신을 위한 것만이 아니라 지도를 받기 위한 것이다. 펜으로 기록하고 읽기 쉽게 간단하게 쓰기 위해서는 초안을 쓴다. 그림과 표를 넣고 오자와 탈자를 없앤다. 실습일지 전체의 틀을 생각해서 기록에 유의한다.

실습일지를 잘 쓰기 위해 다음을 참고한다.

<표 3-1> 실습일지 기입방법

200 년 월 일 요일 날씨	결제 / 실습생 / 지도교사 / 원장
활동주제 및 목표	일일활동의 주제 및 목표를 기재함.
활동구분(시간), 활동내용, 준비물 및 지도상 유의점	지도교사의 수업을 참관하고 지도의 중점 내용, 준비물, 지도상의 유의점 등을 활동 시간별로 기재함.
협의사항	지도 및 협의 사항 등을 기록하고 소감을 기재함.
자기평가	학급운영과 보육방법, 영유아지도 방향, 기타 보육전반 또는 보육실습, 근무생활 등에 관한 소감과 반성 및 결심 등을 기재함.
지도교사 조언	지도교사의 실습생에 대한 수업참관 및 수업지도에 대한 조언과 지시 전달 내용을 기재함.

*출처: 김정규 외(1997). '유아교육실습' 참조.

(1) 간단 기록용 준비물

활동을 관찰하거나 참여하면서 적기 편리한 두께의 노트와 필기도구 등이며 노트는 앞치마 주머니나 넣을 수 있는 크기로 15cm×10cm 크기면 적당하다. 낱장의 종이보다는 다음 날 기록을 연결할 수 있는 노트 형태가 더 좋다. 카메라, 녹음기는 보다 생생한 자료를 얻기에 편리하나 사용 전 실습기관의 원장과 지도교사에게 미리 알리고 허락을 받은 후 사용하는 것이 올바른 절차다.

(2) 영역별 관찰 시 주의점

관찰만 하는 것이 아니라 영역활동 시에는 영유아와 자연스럽게 상호작용하며 동시에 관찰내용을 적는 융통성이 필요하다. 실습교사의 중요한 역할이 영유아와 상호작용에 관련된 부분도 있으므로 필기에만 열중하는 것은 소극적인 모습으로 보일 수 있다. 필기할 때는 영유아들의 놀이에 방해되지 않도록 영역 밖에서 적다가 실습교사의 도움이 필요하면 즉시 중단하고 영유아의 갈등, 개별적인 요구를 들어 준다. 그룹 활동 시에는 교사와 영유아의 활동에 방해되지 않도록 교사가 지정한 장소(뒤나 옆)에 앉아 기록한다. 영유아들이 하는 말 그대로를 적는 것이 생생한 기술을 위해 필요하다.

(3) 상호작용 중 적어야 할 부분

일반적으로 실습일지는 보통 A4 한 페이지이나 일과를 크게 자유선택, 그룹, 실외활동이나 실내신체활동, 특별한 활동, 점심, 간식, 평가 부분으로 나눈다면 그 날의 주된 활동(교사가 새롭게 소개해 준 교구가 있는 영역, 소그룹활동이 이뤄진 곳, 그룹 활동, 간식이나 점심에 대한 영유아들의 반응, 선택이나 하루일과에 대한 영유아의 평가내용)에 대해 보다 초점을 두고 주의 깊게 관찰하고 이루어진 상호작용 내용을 기록하는 것이 효율적이라 여겨진다.

(4) 견학, 특별한 활동 시 기록할 내용

견학의 목적이 현재 학급에서 이루어지는 주제와 연결되어 이루어진다면 견학 전 사전활동에 대한 보육교사와 유아의 상호작용을 통해 이 견학을 통해 무엇을 얻고자 하는지에 대한 이해가 선행되어야 한다. 물론 견학지에 도착해서도 교사나 그곳 전문가가 안내하는 장소와 설명내용, 이에 대한 유아의 반응과 질문 등과 관련된 내용들을 기록해야 한다. 점심, 차량 이동과 같은 부분은 비중이 적게 들어가도 괜찮다. 특별한 활동도 마찬가지로 주제와 관련된 활동인지, 어떻게 진행되는지, 어떠한 자료를 사용하는지, 이에 대한 유아의 반응 등에 초점을 두고 기록한다.

(5) 실습일지에 꼭 적어야 하는 점

일과의 기록과 더불어 실습교사의 느낀 점, 궁금한 내용, 특히 실습보육교사가 진행한 수업에 대한 영유아의 반응과 이에 대한 스스로의 평가 등이 들어가며 지도교사가 제시한 교구, 사용한 교수매체, 교구 등을 간단히 그림으로 표현하는 것도 좋다.

(6) 실습일지를 쓸 때의 마음가짐

무엇보다 밀리지 않고 매일 저녁마다 정리하는 것이 필요하며, 교실 내에서 이루어진 관찰내용뿐 아니라 이에 대한 자신의 솔직한 생각과 실습보육교사로서의 고민이나 앞으로 보육교사가 되었을 때의 비전 등이 포함되어야 살아 숨쉬는 느낌을 줄 수 있다.

(7) 일지의 워드 작업

이제는 일지를 워드로 작성하는 경우가 많다. 본인이 편리하다면 분량을 조절할 수 있고 클립아트 등을 활용할 수 있기에 좋은 방법이라고 생각된다. 요즘 보육시설에서도 워드로 작업하고 출력해 클리어 파일에 보관하는 곳들도 많다.

(8) 지도교사가 실습생에게 해 주고 싶은 말

실습을 마쳤을 때 '나는 교사가 천직이야.' 라는 생각이 드는 그리 많지 않다고 생각이 든다. 특히 영유아들을 접해 보지 못했던 사람들이라면 모든 것이 미숙하고 자신 없다는 느낌을 가질 수 있다. 하지만 막상 현장에 나와 6개월 정도만 있으면 얼마든지 훌륭하게 적응할 수 있다. 물론 교사에 대한 관심이 있는 실습생들은 일주일에 하루 정도 보육시설에서 자원봉사를 하는 의도적인 노력을 가진다면 초임교사의 경험을 보다 수월하게 지날 수 있다.

무엇보다 중요한 것은 보육교사로서의 기본적인 인성과 영유아 개개인의 인격과 기질을 존중하는 것뿐 아니라 그렇지 못한 부분도 사랑과 이해로 따뜻하게 감싸 줄 수 있는 마음이 있다면 훌륭한 보육교사가 될 자질이 충분하다. 단, 교실에서 영유아를 가르치는 것뿐만 아니라 영유아에게 적절한 보육을 하고 이를 위한 환경을 마련하는 것 또한 보육교사의 중요한 역할이며, 이것이 보육의 역할임을 이해하는 것이 필요하다.

실습 처음엔 아이들이 어리광을 부려서 걱정되었다. 아이들이 수업에 참여하지 않고 자꾸 나에게로 왔다. 안전상의 문제도 아니고 교사가 개입할 상황이 아님에도 편한 나에게로 와서 떼를 쓰거나 눈물을 보였다. "선생님은 ○○랑만 놀아줘." 라고 말하는 아이도 있었다. 도움을 필요로 하는 아이들에게 마음이 더 갔던 건 사실이다. 그 아이들에게는 내 도움이 없으면 안 될 것 같았다. 그러면서 떨어지지 않으려던 아이들에게 어떻게 대해야 할지 몰랐다. 무턱대고 피해야 하는지 아니면 받아줘야 하는지……. 그래서 담임교사와 협의를 하게 되었고 선생님은 내 입장에서 이해해 주시면서 "아이들이 실습교사에게 충분히 그럴 수 있다." 고 이야기해 주셨다. 하지만 '어리광을 부리거나 무리한 요구를 할 때는 아이의 마음을 읽어 주되 긍정적인 행동으로 바뀔 수 있게 거리를 유지하는 것' 도 중요하다고 하셨다. '다른 아이들도 봐 주어야 한다는 것' 을 말하고 '조금 있다 같이 놀이를 하자고 말해 보는 것' 도 중요하다고 하셨다. 아니면 '반 편지함' 을 이용해서 아이들에게 마음을 전달하는 것' 도 방법이 될 수 있다고 하셨다. 선생님과 협의를 한 뒤로는 마음이 한결 가벼워졌고 아이들도 내 마음을 잘 알아 주었다. 선생님이 자기를 많이 사랑하고 있다는 것을 알고, 놀이할 때 즐겁게 나와 만나고 또 즐겁게 나와 거리를 유지하는 것을 반복하였다.

○○○실습생

보육실습을 통해 통합보육에 대한 여러 가지 정보와 지식을 보고 배우는 좋은 시간이었다. 처음에는 장애 통합 유아들을 어떻게 대해야 할지 어느 정도 선에서 도움을 주고 스스로 하게끔 해 주어야 하는지 등 나의 역할에 대해 많이 고민하고 당황스러워했었는데 차음 시간이 지나면서 또, 선생님들의 지도 모습을 보면서 장애유아들도 스스로 할 수 있는 일과 능력이 있다는 것을 알게 되었다. 수업에 많은 도움과 격려주시고 많은 것을 가르쳐주신 담임선생님께 정말 감사하고 선생님의 날카로운 코멘트와 평가들은 내가 현장에 나갔을 때 정말 큰 도움이 될 것 같다.

○○○실습생

5. 피로를 회복하는 체조

실습기간 중 새로운 생활에 적응하고 여러 가지 일들로 쉽게 피로에 지칠 수 있다. 실습기간 중 피로를 극복하는 방법을 실습기간에 따른 방법과 구체적으로 피로를 풀 수 있는 방법에 대하여 알아보았다.

① 실습기간에 따라

• 첫째 주: 첫 주는 아침부터 저녁때까지 영유아들과 함께 보내는 것이 익숙하지 않아서 다른 것보다 몸이 너무 힘들다. 우선 집에 오자마자 하루 동안 실습이 어떻게 이루어졌는지 메모해 둔 것을 보면서 일지를 쓰고 일찍 잠자리에 든다. 또한 몸을 실습생활에 적응하도록 무리하지 않게 실습 이외에 다른 약속이나 일을 만들지 않는다.

• 둘째 주~셋째 주: 실습할 때에 실습기관을 살펴보고 영유아들을 관찰하는 것뿐만 아니라 부분수업과 함께 교구 제작을 해야 한다. 둘째 주가 되면서 오전 9시~오후 6시까지 아동들과 함께 보내는 것에 대해서 몸이 익숙해져서 그렇게 체력적으로는 힘들지는 않다. 그러나 집에 와서도 일지 쓰는 것 이외에 다른 것을 준비해야 하는 압박감이 있기 때문에 스트레스를 많이 받게 된다. 너무 실습에만 매달리거나 교구 제작에만 신경을 쓰다 보면 필요가 누적될 수 있으므로 주말에는 잠깐 시간을 내어 친구와 영화를 보거나 잠시 머리를 시킬 수 있는 활동이나 산책을 하는 것도 좋다.

• 넷째 주: 마지막 주로써 종일수업과 함께 교구 제작 등의 마무리를 하는 기간이다. 이 기간 동안 준비하는 것이 많아 가장 힘들게 되므로 그때는 남은 실습기간을 힘들어도 최선을 다하는 마음을 가지고 있어야 한다. 종일수업 준비는 미리 조금씩 준비하여 활기찬 모습으로 종일수업을 진행하도록 한다.

② 구체적인 피로 회복방법

• 수면: 일반적인 이야기로 수면은 피로, 스트레스 해소에 매우 중요하다. 매일 반복되는 실습 생활의 반복으로 대부분 피곤(스트레스로 인한 불면)을 느끼며 이는 악순환을 일으킨다. 좀 더 수면을 취한다면 상태가 나아질 것이고 매일 매일 일에 적응할

수 있을 것이다. 보통 사람들의 수면요구량이 7~8시간이지만 실습을 하다 보면 수업준비와 여러 가지 교재준비로 또 매일매일 작성해야 하는 일지로 인해 잠이 많이 부족해진다. 하지만 이런 생활이 반복되면 영유아들을 보는 것만으로도 너무 지치게 된다. 수업준비와 교재는 미리미리 준비하여 주말에 친구나 주변의 도움을 얻는 것도 좋다. 주로 손이 많이 가는 작업들이기 때문에 가위질, 풀칠 등 단순한 작업은 도움을 받고 평소에는 집에 돌아와 일지를 작성하고 바로 수면에 취하도록 한다.

• 간단한 운동과 산책: 아침, 저녁으로 간단한 운동이나 산책을 한다. 적절한 운동을 규칙적으로 한다. 계속되는 실습으로 인해 쌓인 피로는 운동을 통해 풀어주는 것이 효과적이다. 신체에 아무런 자극을 주지 않고 휴식을 취하는 것보다는 그때까지 사용하지 않았던 다른 부위를 사용하는 것이 오히려 피로를 회복하는 데 도움이 된다. 너무 무리하게 헬스를 다니는 것보다 손 쉬운 줄넘기나 체조 등이 좋다. 또한 집에서 가까운 공원이 있다면 산책을 하는 것도 좋다. 조용하게 산책을 하면서 하루 있었던 일을 정리하고 내일 실습을 어떻게 해야 할지 새로운 마음가짐을 갖는다. 간단하게 몇 분이면 할 수 있는 요가동작을 소개하면 다음과 같다.

4단계 근육이완법

4단계 근육 이완법으로 단 몇 분이라도 쉬고 나면 몇 시간 동안 잠을 자고 일어난 것처럼 몸이 개운해짐을 느낄 수 있다. 몸과 마음을 편안하게 해 주는 동작을 통해 더욱 활기찬 실습을 할 수 있도록 하자.

① 베개를 허리에 넣고 바닥에 반듯하게 누워 다리는 어깨 너비로 벌린다. 양손은 편안하게 바닥에 내려놓는다.
② 다리를 세우고 두 손으로 베개를 굴려 허벅지 뒤쪽에 갖다 놓는다. 편안하게 완전히 몸을 늘어뜨린다.
③ 다시 베개를 발목 뒤쪽으로 가져간다. 점점 몸이 가볍고 편안해지는 것을 느낄 수가 있을 것이다.
④ 이제 베개를 완전히 빼버리고 편안하게 몸을 이완시킨다. 두 손을 배꼽에서 5~6cm 정도 아래에 놓고 복식 호흡을 실시한다.

6. 실습보육교사의 갈등 해결하기

1) 실습보육교사의 갈등

보육실습은 예비 보육교사로서 실제현장에서 준비하고 경험해야 하는 교사양성교육의 과정이다. 보육실습은 보육현장의 실제에 대해 관찰하고, 실행해 보며, 배울 수 있는 기회이며, 이론과 실제를 결합시키는 중요한 경험의 과정이기도 하다. 이와 같이 보육실습의 경험은 예비 보육교사로서 지식과 기술, 태도를 갖추는 데 도움을 주며 보육교사직에 대한 정체성 형성에 긍정적인 경험을 제공하기도 하나 경우에 따라서는 보육교사직에 대한 불안과 혼란을 제공하기도 한다. 실습생 자신도 보육실습의 기회를 통해서 많은 배움과 보육교사가 되기 위한 중요한 과정으로 인식하고 있으나 학교에서 배운 이론을 실제에 적용하는 과정에서 불안감과 갈등을 경험하게 된다. 실제로 실습은 긍정적인 측면뿐만 아니라 부정적인 측면을 보여 주기도 한다(안효진, 2005). 실습에서 느끼는 갈등은 인관관계, 압박감, 욕구, 위험요소, 실패, 갈망 등(박은혜 외, 2005)이 포함된 불안감이다. 그러나 대체로 예비교사들은 실습의 과정을 통해 수업의 계획과 운영, 유아행동관찰과 이해, 인간관계 형성 측면에서 실습 초반에 막연한 불안으로 의기소침한 모습을 갖기도 하지만 자기조절과 실습지도교사 및 실습지도교수의 지원을 통해 점차 자신감과 의욕을 갖게 되고 자율적으로 의사결정을 하는(유홍옥, 2005) 경험을 갖는다. 즉, 갈등은 실습의 긍정적 측면은 아니지만 보육실습 상황에서 갈등을 해결하는 과정을 통해 보육교사로서 긍정적인 발달을 경험할 수 있다.

실습에 대해 연구자들은 실습교사가 실습과정에서 느끼는 갈등을 대상에 따라 교사 자신의 갈등, 유아와의 갈등, 협력교사와의 갈등, 기관과의 갈등, 학부모와의 갈등, 행정가와의 갈등, 지역사회와의 갈등 등으로 구분(안효진, 2005; 이성은, 1995)하고, 갈등원인에 따라서는 정서적인 불안정, 실수에서 오는 두려움, 관계형성에 대한 불안감, 새로운 요구에 대한 갈등, 수업준비의 어려움(박은혜, 이현옥, 임승렬, 1999; 윤기영 외, 2001)으로 구분하고 있다. 이를 배경으로 보육실습 상황에서 실습보육교사들의 갈등을 소개해 보면 다음과 같다.

(1) 실습보육교사 자신의 갈등

① 정서적인 불안정

실습보육교사는 실습 초기의 새로운 환경변화에 따르는 불안, 불확실성, 낯선 환경 등에 적응할 생각을 하며 막연한 두려움에 사로잡히게 되어 갈등을 느끼게 된다.

> 처음에 실습을 시작할 때에는 며칠간은 어린이집에 갈 생각에 떨리고 긴장이 되어 잠을 못 이루고 했는데 점점 시간이 지날수록 마음에 여유가 생기는 건지 떨리는 감은 조금씩 줄었지만 시간이 갈수록 마음에는 조바심이 들었다. 처음에는 어린이집에 올 때에 무엇인가 얻어가야 하고, 배워 가야 하고, 아이들에게 어서 빨리 다가가야 한다는 생각으로 성급한 마음으로 임했다. 진실하기보다는 어떤 목적을 가지고 다가가서 아이들에게 미안하기도 했다.
>
> ○○○ 실습생

② 실수에 대한 불안

실습보육교사 자신의 실수가 유아에게 영향을 준다는 점에 있어서 실수를 두려워하게 되고 이러한 불안감은 더욱 심해져 갈등을 느끼게 된다.

> 내가 잘못 생각하고 있는 것이 있었다. 어린아이들을 가르치는 것이라 해서 내가 아이들을 너무 쉽게 어리게만 보았던 것이다. 선생님이 수업을 하고 나서 아이들이 시범을 보이는 시간을 갖게 되었다. 시범에서 한 유아가 아주 사소한 일임에도 불구하고 아주 진지한 표정과 조심스러운 발걸음으로 교사의 부탁을 들어 주는 것을 보고 그만 웃음이 나왔는데 선생님은 그 유아의 행동을 보고 뿌듯한 눈으로 바라보고 격려하는 것이다. 나는 바로 웃음을 멈추었다. 유아가 나의 웃음을 보고 혹시나 자신감에 영향을 주었을까 봐 걱정이 되었다. 나이가 어린 유아라고 해서 장난스런 행동으로 대하다거나 쉽게 생각하고 대하는 것은 잘못된 생각이 다른 것을 느꼈다.
>
> ○○○ 실습생

③ 새로운 역할에 대한 부담

실습교사는 실습으로 새롭게 요구받는 보육교사로서의 역할과 스트레스를 받고 긴장하며 자신이 역할수행을 잘하지 못하고 있다는 생각과 좋은 교사가 될 수 있을지에 대한 불안으로 갈등을 느낀다.

실습을 나가서 선생님들의 모습을 보면서 나도 저렇게 교사의 모습을 갖추어야지 하면서 다짐했다. 그러나 교사도 사람인지라 여러 가지 모습을 보일 때가 있을 것이다. 나는 과연 잘 해낼 수 있을까? 한 아이의 평생 밑거름이 되는 시기에 중요한 지표가 되는 교사로서 자질이 나에게 있을까? 교사로서 내 인생을 어떻게 바꿔 나가야 할지 고민이 된다.

○○○ 실습생

유아와의 상호작용이 어렵다. 물론 유아들과 되도록 많은 대화를 하고 놀이를 많이 하려고 노력하지만 그게 잘 되지 않는다. 이미 놀이를 하고 있는 유아에게는 어떤 방법으로 개입을 해야 할지 놀이를 시작하지 못하고 있는 유아에게는 어떤 교구로 놀이를 이끌어야 하는지 이론적인 지식과 경험 모두가 부족한 나를 보게 되었다. 내가 수업에 참여할 때의 모습을 보고 선생님께서 "교사는 유아와의 상호작용이 항상 이루어져야 한다."고 말씀해 주셨다. 나는 아직도 배워야 할 것들이 많이 남아 있는 것 같다.

○○○ 실습생

(2) 유아들과의 갈등

유아들은 학급에서 누구에게 더 권위가 있는지를 너무도 잘 안다. 따라서 실습교사들의 지도에 대해 무시하거나 부정적으로 반응하는 경우가 종종 있다. 특히 학급의 갈등 상황에서 유아들의 통제가 어려울 때 실습보육교사는 갈등한다.

쌓기놀이 영역에서 아이들의 갈등이 있었다. 나는 '왜 그러니?' 하면서 서로 화해할 것을 제안했지만 '과연 아이들이 실습생인 나의 말을 듣고 화해를 할까?' 하는 생각이 들었다. 나의 예상대로 아이들은 실습생의 말을 귀담아 듣지 않고 갈등이 계속되었다. 나는 의기소침해졌다.

○○○ 실습생

(3) 지도교사와의 갈등

실습보육교사는 실습지도교사와 원만한 관계형성에 대한 불안과 지도교사가 실습생 자신의 실습을 지도할 만한 능력을 갖추었는지에 대한 불안으로 갈등을 느낀다.

내가 배치된 반의 선생님은 교사 경력이 1년 정도 된다고 한다. 나는 과연 지도교사로부터 잘 배울 수 있는지 걱정이 된다. 물론 교사 경력이 짧다고 능력이 없다거나 전문성이 부족하다고 할 수는 없지만 그래도 경력이 많은 선생님의 노하우를 배우고 싶다. 하지만 이것 때문에 실습 동안 우울할 수는 없다. 나는 실습생이고 최선을 다해야 한다.

○○○ 실습생

(4) 기관과의 갈등

① 수업준비와 과제물의 부담

실습교사는 실습기간 동안 부과되는 과제물과 실제수업에 필요한 활동을 연구하고 계획하고 준비하는 데 시간적 · 신체적으로 많은 어려움을 느낀다. 실습기간 동안 교재 교구제작, 실습일지 작성, 수업계획안 연구와 실습기관의 각종행사의 준비 등과 같은 과제물로 인하여 실습교사들은 어려움을 느끼며 갈등한다.

학교의 수업시간에도 과제가 많고 교구 · 교재 제작에 시간을 많이 들이고 어려웠는데 실습을 나와서도 교구 제작과 수업 준비를 하느라 잠을 잘 시간이 부족하다. 실습을 시작하기 전에 부분수업과 종일수업에 대한 주제를 미리 알고 준비할 시간이 미리 주어진다면 실습기간에 시간에 급급하고 마음으로 쫓기는 일을 줄일 수 있을 것이다. 그리

> 고 아이들과의 관계도 조금 여유로울 것 같다.
>
> ○○○ 실습생

② 학교에서 배운 프로그램과 기관의 프로그램이 다른 경우

실습기관의 교육프로그램과 학교에서 주로 다룬 프로그램이 다른 경우, 실습교사들은 실습에 대한 어려움과 갈등을 느낀다.

> 학교에서는 주제중심 활동으로 배우고 공부했다. 그런데 실습 어린이집에서는 심도 있는 프로젝트 수업을 한다. 그래서 어린이집의 과제는 하루일과에서 유아들을 관찰하고 그 내용과 의미를 노트에 전사해 오는 것이 과제다. 퇴근하고 집에서 일지도 쓰고 관찰한 내용을 전사해야 하는 과제는 정말 벅차다. 사실 선생님이 요구하는 것이 무엇인지 잘 모르겠다. 학교에서 중점적으로 배우지 않은 탓도 있겠으나, 어떻게 해야 할지 모르겠다.
>
> ○○○ 실습생

2) 실습보육교사의 갈등 해결하기

실제로 실습상황에서는 언제나 갈등이 존재한다.

실습보육교사의 불안감은 보육현장이라는 새로운 생활의 변화와 더불어 실습보육교사에게 부여되는 새로운 역할과 책임으로부터 발생한다. 실습생들이 불안감을 극복할 수 있는 방법의 하나로는 실습지도교수와 실습지도교사로부터 적절한 지원과 조언을 얻는 것이며 이를 통해 자신감과 도전해 보려는 의욕, 적극적 태도로 변화를 이끌 수 있다. 실제로 안효진(2005)의 연구에서는 실습교사에게 나타난 갈등의 의미를 협력으로 보았다. 즉, 실습교사들은 갈등할 때 문제를 해결하고 조절하기 위해 다른 사람들에게 도움을 요청하였고, 갈등의 극복을 통하여 성취감과 자신감을 경험하였으며 이는 곧 자신의 신념과 가치를 성찰해 보는 상황을 제공하였다.

따라서 보육실습에서 갈등을 긍정적인 측면으로 변화시키기 위해서 실습보육교사

는 스스로 불안감과 갈등을 극복하고 자신을 도울 수 있는 방법에 대해 노력해야 한다. 이를 위해 Skillpath(1997)는 긍정적인 사고로 생활하기, 실습에 대한 성공감 갖기, 잘한 것에 대해 스스로에 칭찬과 보상하기, 유쾌한 감정 갖기, 적절한 운동하기, 건강 돌보기, 완벽주의를 거부하기, 유머 감각 갖기, 상담자 구하기 등의 방법을 제안한다(박은혜 외, 2005, 재인용).

7. 좀 곤란해! 이럴 때 어떻게 할까?

(1) 영유아들이 실습생을 무시할 때

영유아들이 실습생을 함부로 하거나 아무 말이나 막하는 경우가 있다. 오늘 한 유아에게 상호작용을 하려고 다가갔는데 그 유아가 나에게 "선생님, 저리가~" 하고 소리를 쳤다. 나는 유아의 반응 때문에 기분도 상하고 어떻게 해야 할지 막막했다.

영유아들은 처음 반에 실습생이 들어오면 낯선 사람에 대해서 호기심을 가져 보고 어떻게 여겨도 되는 사람인지 관찰하게 된다. 며칠이 지나면 아직 학생이고 담임선생님보다 더 약한 존재라는 것을 알기 때문에 실습생을 더 편하게 생각한다. 실습생과 대화를 할 때 반말을 쓴다거나 '○○선생님' 이라고 하지 않고 이름만 말할 때가 있는데 그때, "선생님한테는 이름만 부르는 것이 아니에요." 라고 부드럽게 말한다.

(2) 실습생이 학급의 규칙에 대해서 잘 모를 때

간식을 먹을 때에는 미술영역의 책상과 언어영역의 책상에서만 먹는 것이 규칙이었다. 이것을 잘 몰랐던 나는 오후 간식 시간에 그날따라 유아들이 모두 등원하여서 두 영역의 책상에서만 간식을 먹기엔 좁아 보였다. 그래서 유아에게 영어영역의 책상에서 간식을 먹으라고 하였는데 담임선생님이 그것을 보시고는 유아에게 "돌고래반은 그곳에서 먹지 않아요. 누가 거기서 먹으라고 했어요." 라면서 주의를 주는 것이었다. 유아는 "실습 선생님이 여기서 먹으랬어요." 라고 하자, 선생님께서 "선생님은 우리 반 약속을 모르잖아요." 라고 하였고 나는 무안해지고 유아에게도 미안한 생각이 들었다.

실습생이 실습을 한 지 얼마 되지 않을 때에는 반의 규칙에 대해서 잘 모를 때가 많다. 이처럼 실습을 할 때에는 무엇보다도 반에서 지켜야 할 것들, 하지 말아야 할 것들을 빨리 눈치껏 파악할 필요가 있다.

(3) 교실 물건이 파손, 유기되었을 경우

유아들이 가지고 온 열대어가 죽었다. 8월 삼복에 가장 더운 때였고 선생님께서 휴가를 가시게 되었다. 선생님께서 떠나시면서 "선생님, 물고기 죽이면 안 돼요."라고 신신당부를 하셨고 나도 물도 깨끗하게 갈아 주고 먹이도 주고 정성을 다하였다. 일주일을 그렇게 잘 보내고 토요일이 왔다. 나는 주말에 혹시나 배고파 죽지는 않을까 하여 하원 후 다시 어린이집에 들러 먹이를 주었다. 그런데 월요일 아침에 등원하였을 때 토요일에는 멀쩡하던 물고기들이 모두 죽어 있었다. 아이들의 실망한 표정과 선생님의 표정을 보고 나는 어떻게 해야 할 줄 몰랐다. 더욱이 우리 반 아이가 가지고 온 것이라 더욱 미안했다. 하지만 이럴 때는 나의 입장을 확실히 해 주어야 한다. 내가 이것을 위해 얼마나 노력을 했고 정성을 기울였는지 선생님께 전달했다. 그러나 가장 어려운 것은 아이들에게 이것을 어떻게 설명해야 하는 것이었다. "주말에 날씨가 무척 더웠죠? 물고기들도 너무 더워서 죽었나 봐요."라고 했더니 아이들이 수긍해 주었다.

(4) 위험한 상황인 경우(특히 뜨거운 음료 종류)

어느 날 오후 간식과 함께 따뜻한 우유가 나왔다. 3층까지 뜨거운 우유를 3통을 들고 올라왔는데 교실에서 내려놓는 순간 한 통이 쏟아지고 말았다. 우선 우유 묻은 아이들부터 챙겼다. 닦아 주고 다친 곳은 없나 살펴보았는데 다행히 다친 아이들은 없었다. 놀란 아이들을 진정시키고 얼른 바닥을 닦고 정리하였다. 나도 너무 놀랐고 아이들도 놀랐다. 하지만 담임선생님께서 침착하게 행동하도록 도와주시고 누구나 실수할 수 있다고 말씀해 주셨다.

이럴 때는 당황하기 쉬운데 우선 아이들을 안전하게 피하게 하고 안정시켜야 한다. 그리고 재빨리 상황을 정리해야 한다.

(5) 유아들이 서로 상처내고 싸웠을 때

4세반에서 낮잠시간에 한 유아가 다른 친구의 팔을 물었다. 너무나 순식간에 일어난 일이라 선생님 테이블에서 작업을 하고 있던 담임선생님과 나는 놀래서 아이들이 자고 있는 쪽으로 달려갔다. 물린 아이는 울음을 터뜨렸다. 담임선생님은 유아의 팔에 약을 바르고 마사지를 해 주셨는데 이 자국이 선명하게 남아 있었다. 선생님은 팔을 물은 아이에게 친구의 팔을 물면 안 된다고 주의를 주셨고, 물린 아이 어머니가 왔을 때 담임선생님이 자세하게 설명해 주시고 다음부터 아이에게 더 주의를 시키겠다고 하였다. 또 친구를 문 아이의 어머니가 왔을 때도 아이의 행동에 대해서 설명해 주고 주의를 시킬 것을 당부하셨다.

(6) 남은 간식을 한 유아에게 주었는데…

간식시간에 남은 간식을 한 유아에게 주자 그 유아가 다른 친구에게 "선생님이 나 간식 더 줬다."라고 자랑을 하였다. 다른 친구도 와서 간식을 더 달라고 했는데 없어서 줄 수가 없었다. 조금 난처했다. 다음 날 담임선생님은 간식시간에 어떻게 대처하는지 보았는데 간식이 남을 경우 그냥 나두었다가 나중에 더 먹고 싶은 친구들이 있는지 물은 후에 똑같이 조금씩 더 나누어 주었다. 유아들이 조그만 것에서 상처를 받을 수 있다는 생각이 들어서 간식시간에도 세심한 배려가 필요한 것을 느꼈다.

(7) 담임선생님께서 실습생에게 교실을 맡기고 잠시 나갔을 때

실습을 시작한 지, 1주가 조금 넘었을까? 한번은 담임선생님께서 비디오 시청시간에 잠시 나에게 교실을 맡겨 두고 나가신 적이 있다. 그 시간은 유희실 활동 다음에 이어져서 매우 산만한 시간이기도 하였다. 아이들은 점차 하나둘씩 일어나기 시작하였다. 처음에는 한 명씩 "자리에 앉아요."라며 나긋나긋하게 말했다. 하지만 이것도 잠시 이 아이를 앉히면 저 아이가 일어나고, 순식간에 교실은 난장판이 되어 갔다. 아이들의 시선을 집중시키기 위해 "우리 친구들 자리에 앉아요." 하고 크게 말해도 잠시 쳐다볼 뿐 각자 행동하기 시작한 것이다.

그래서 모든 아이들의 시선을 집중시키기 위해 비디오를 껐다. 그리고 "우리 친구들이 이렇게 선생님 말 안 듣고 자리에 앉아 있지 않아서 속상해요." 그러고는 왜 조용히 해야 하는지 이야기하자, 아이들은 곧 비디오를 잘 보겠다고 대답하고는 자리에 앉아서 비디오를 보기 시작했다. 아이들을 혼자 단독으로 통솔하기는 처음이었는데, 정말 아이들이 "네." 하고 큰 소리로 대답하는데 얼마나 예뻐 보이던지. 무조건 큰 소리로 아이들을 다그치기보다는 아이들에게 상황설명을 하고 설득시키는 것이 더 중요하다는 것을 일깨워 주는 순간이었다. 아이들도 무조건 "앉아요."라고 말하기보다는 선생님이 대화로 이끄는 것이 중요하다고 생각한다.

다시 비디오를 보여 주자 그 비디오는 너무 많이 봐서 재미가 없으며 다른 것을 보자고 말하는 것이었다. 나는 담임선생님께서 틀고 가셨기 때문에 비디오를 함부로 바꾸는 것도 뭐해서 그냥 보자고 말했지만, 적절하게 설명하기 어려웠다. 그때 나는 아이들의 잘못된 행동을 지적하기보다는 아이들이 왜 그러한 행동을 하게 되었는지 이해하는 것이 우선되어야 한다는 것을 생각했다.

8. 실습기관에 감사편지 쓰기

(1) 우편(규격봉투, 편지지)으로 한다

윗사람에게 감사의 편지는 엽서로 하는 것은 실례다. 규격 편지지와 봉투로 하며 우편번호와 우표를 확인한다. 메일로 감사편지를 쓸 수도 있지만 그래도 우편으로 보내는 것이 더 정성스럽게 느껴진다.

(2) 개별적으로 보낸다

같은 학교에서 여러 사람이 실습을 하여도 감사의 마음은 개인으로 표시하는 것이 당연하다. 감사카드도 여러 사람이 아니라 개인으로 해야 한다.

(3) 실습 후, 10일 이내에 도착하도록 한다

실습 후는 제출물 등으로 바쁘겠지만 감사카드는 10일 이내에 도착하도록 한다.

한 달 뒤에 보내는 것은 인상이 흐려져 효과가 반으로 감소한다.

(4) 문장은 짧고 알기 쉽게, 경어를 사용해서 쓴다

긴 문장은 '읽게 하는 힘' 이 없어, 보내는 사람의 마음을 전하지 못한다. 간결한 문장으로 문체는 '경어' 로 통일하여 하는 것이 중요하다. 문법적으로 바른지 확인한다.

(5) 실습기관에서 배웠던 일과 감동한 것을 중심으로 쓰고 비판은 피한다

실습생에게는 실습기간 매일이 놀라움과 발견의 나날이다. 때로는 '이럴 리가 없는데….' 라고 실망한 적도 있었을 것이다. 그래도 감사카드에는 어린이집에서 '좋았던 경험을 찾아서' 쓰도록 한다.

9. 실습경험 확장 아이디어

(1) 실습일지를 고치고 잘 정리해서 일람표를 만들어 보자

다음의 일람표를 만들면 실습기간 중에 알아차리지 못했던 영유아들의 기분이나 보육의 의미를 읽을 수 있고 무엇이 과제였는지 명확하게 된다.

감동한 일	점잖게, 언제나 멀리 떨어져 있던 진수가 인형극 후에 "고맙습니다. 재미있었어요." 라고 말해 주었다.
곤란한 일	아이들이 잇달아 놀이를 하자고 해서 어느 아이와도 어중간한 관계가 되어 버렸다.
걱정되는 일	진수는 매일 모래밭에서 놀고 있다. 다른 아이가 하고 있는 만들기 활동을 하지 않아도 괜찮은 것인가?

(2) 실습평가(그룹 토론)에서 이야기하자

우선 실습생 한 사람 한 사람이 구체적인 사례를 들어서 자기의 소감이나 의견을 보고한다. 실습기관의 평가에서는 말하지 못한 것도 솔직하게 이야기할 수 있기 때문에 새로운 정보를 알 수 있다. 공통과제(싸움의 중재, 식사나 배변지도, 수 · 문자 지도, 보육의 형태, 보육계획안 작성과 실천, 보육교사의 팀 구성 등)에 대해서 각자의 실습에서 체험을 서로 내 놓으면서 토의를 적극적으로 한다. 다른 실습생의 체험과 비교하면서 자기 자신의 체험을 상대화하고 보편화함으로써 예비 보육교사로서 발전적 기회가 될 수 있도록 한다.

(3) 개별지도를 받아서 앞으로 학습과제를 명확하게 한다

학교에서 실습기관에 의뢰하는 '실습평가서'와 같은 항목으로 자기평가를 해 보도록 한다. 중요한 것은 "잘하지 못했다. 좀 더 힘내자."라고 말할 수 있는 마음으로 하는 반성 · 평가가 아니라 구체적으로 몰두하는 것이다.

실습일지 · 리포트 · 그룹 토의의 상황, 실습기관의 평가 등을 종합적으로 판단하여 개별지도를 참고로 좀 더 적극적인 과제를 결정하여 '나의 실습평가 · 학습계획'을 만든다. 이렇게 함으로써 다양한 영역으로 관심이 높아진다.

(4) 아르바이트를 한다

베이비시터나 보조교사로서 활동할 수 있다. 혹은 추석 연휴 같이 일가친척이 모일 때 조카나 친척 동생들을 돌봐 줄 수 있다.

(5) 봉사활동을 한다

어린이집이나 교회 등에서 실제 교사로 자원봉사할 수 있다. 또는 '○○자원봉사 공모전' 등에 보육 등의 주제로 참여할 수 있다.

(6) 교구제작 공모전에 참여한다

개인적으로 참여를 하거나 그렇지 못한 경우 실습했던 기관에 부탁해 기관명으로 출품을 할 수 있다.

2004 함께 만드는 좋은 어린이집 전국 교구공모전

1. 목 적

전국 보육 관련 교구공모전을 통해보육 현장의 연구 의욕을 고취하고 우수한 교구 아이디어를 공유하여 보육환경의 질적 향상에 기여한다.

2. 응모 구분 및 자격

- 개인: 교사, 학생, 일반인
- 단체: 어린이집, 대학, 보육교사교육원
- 업체: 영유아 관련 교구 및 CD-ROM 타이틀 제작 업체

3. 작품 내용

어린이집 영유아반 교구, CD-ROM

4. 수상작

대상, 최우수상, 우수상, 장려상, 입선, 특별상

5. 심 사

구분	일정	대상	방법
예비 심사	10/18(월)	전체 응모 작품	교구설명서 심사
본 심사	11/15(월)	예비심사 통과 작품	교구 및 포스터 심사 (심사時 설명 기회 부여함)
심사 발표	예비심사: 삼성복지재단 홈페이지 게시 본심사: 삼성복지재단 홈페이지 게시 및 개별 통보		

(7) 교구를 이용하여 친목 도모를 한다

어린이 집에서 작업 시간에 만들었던 카드나 작은 소품들은 대부분 주위에서 쉽게 구할 수 있는 재료로 만든 것들이다. 새로운 사람들을 만나거나 주변 사람들을 만날 때에 작은 선물로 나누어 주면서 친목을 도모할 수 있다.

(8) 타 대학 실습생과 연계한다

실습기관에는 우리 학교 학생만 있는 것이 아니라 다른 학교 실습생들도 있는데

서로 연계하여 학술적인 정보를 공유하고 서로 성장한다.

(9) 창업 아이템으로 승부를 건다

취업하기 어려운 경제 상황에 따라 창업하려는 대학생들이 늘고 있다. 유아교육과 보육 분야는 창업 아이템으로서 충분히 매력이 있고 가능성도 있는 분야다. 실습을 할 때 느꼈던 불편한 점이나 보완했으면 하는 점을 아이디어로 하여 창업 아이템을 구상해 본다.

(10) 사후실습을 한다

실습을 하고 나서, 실습 나갔던 기관이 아니더라도 다른 기관에서 사후실습을 하도록 한다. 그래서 실습의 '감'을 잊지 않도록 한다. 정기적으로 사후실습을 하여 자신의 경험도 쌓고 교사들과 관계를 넓힌다.

부 록

1. 관련서식
2. 관련법규
3. 실습지도 자료

1. 관련서식

＊ 보육실습 오리엔테이션 ＊

일시	년 월 일 ( )요일 교시
강사	소 속: 성 명:
강의주제	

* 보육실습 일정표 *

주	월일	요일	어린이집 행사	주요 실습 활동계획	비고
제1주		월			
		화			
		수			
		목			
		금			
		토			
제2주		월			
		화			
		수			
		목			
		금			
		토			
제3주		월			
		화			
		수			
		목			
		금			
		토			
제4주		월			
		화			
		수			
		목			
		금			
		토			

＊ 보육시설의 현황 ＊

구분	내용
보육시설 주변 환경	
보육 영유아 거주지의 특성	
가정의 사회경제적 수준, 학부모의 특성	
지역사회와의 관계	

* 연간 보육계획 및 행사계획 *

월	보육주제	행사
3월		
4월		
5월		
6월		
7월		
8월		
9월		
10월		
11월		
12월		
1월		
2월		

* 주간 보육계획안(영아반 예) *

<table>
<tr><th colspan="2"></th><th>월</th><th>화</th><th>수</th><th>목</th><th>금</th><th>토</th></tr>
<tr><td rowspan="5">오전 실내자유놀이활동</td><td>그리기 · 만들기 영역</td><td colspan="5"></td><td rowspan="6">통합보육</td></tr>
<tr><td>소꿉영역</td><td colspan="5"></td></tr>
<tr><td>책보기 영역</td><td colspan="5"></td></tr>
<tr><td>탐색 · 조작영역</td><td colspan="5"></td></tr>
<tr><td>쌓기 · 대근육 음률 영역</td><td colspan="5"></td></tr>
<tr><td colspan="2">전이활동</td><td colspan="5"></td></tr>
<tr><td colspan="2">실외 자유놀이활동</td><td colspan="5"></td><td></td></tr>
<tr><td colspan="2">기본생활습관</td><td colspan="5"></td><td></td></tr>
<tr><td colspan="2">알림 사항</td><td colspan="5"></td><td></td></tr>
</table>

＊ 보육일지＊

담 임	시설장

구분	200 년 월 일 요일 날씨			
생활주제	소 속: 성 명:			
목표				
	계 획	활 동 내 용		평 가
시 간				
안전사고 및 특이사항		내일 수업 준비 사항		
투 약 아 동 명		결석원아 및 결석사유		

* 연구수업계획안 *

담 임	원 장

__________ 반　　　　　　　　　　　　　　　　　　교사 __________

▶ 주　제:
▶ 소주제:
▶ 목　표:
▶ 일　시:　　년　　월　　일　　요일 (　　~　　)

시 간	활동명 및 내용	준비물

* 교재교구 제작 계획안 *

담 임	원 장

제작자 ______________

주 제		대상연령	
교구명		교구유형	
준비물			
제작방법			
활용방법			
기대되는 교육적 효과			

평가 (평가자: ________)	평가내용	상	중	하	평가내용	상	중	하
	발달수준의 적합성				안정성			
	실제 활용의 적합성				활용의 다양성			
	경제성				창의성			
	보육내용과의 관련성				영유아 반응의 유발성			
	견고성				매력성			
	총 평가 :							

* 영유아의 행동발달 관찰기록지 *

관찰대상: 생년월일: (남, 여)
관찰자: 관찰일:
지시: 다음은 발달을 전체적으로 평가해 볼 수 있는 체크리스트다.

1. 영유아를 선택하여 관찰한다.
2. 체크리스트에 있는 행동이 나타나면 ∨ 표시를 한다.
3. 체크리스트 마지막에 각 발달영역별로 요약을 한다.
4. 관찰결과에 따라 각 영역별로 한 가지씩 교수방법을 계획한다.

<기본생활습관>	예	아니요	비고
1. 정리정돈을 할 수 있다(장난감, 작업, 간식, 책상)			
2. 간식/식사 전에 손을 씻는다.			
3. 규칙(차례, 약속)을 잘 지키는 편이다.			
4. 어른에게 존댓말을 사용한다.			
5. 음식을 골고루 먹는다.			
6. 낮잠을 잔다.			
7. 교사의 지시를 잘 이해하고 따른다.			
8. 물건을 소중히 다루고 아껴 쓴다.			
9. 고마워, 괜찮아, 미안해 등의 말을 적절히 사용한다.			
10. 혼자서 옷을 입을 수 있다.			
11. 화장실 사용 후 뒤처리를 혼자 한다.			

<신체 발달>	예	아니요	비고
1. 자세가 바르다(앉을 때, 걸을 때, 서 있을 때)			
2. 행동이 민첩하다.			
3. 양 발을 바꾸어 가며 계단을 오르내릴 수 있다.			
4. 바깥놀이에 활발히 참여한다.			
5. 한 발로 깡충 뛰기를 할 수 있다.			
6. 공을 던지고 받을 수 있다.			
7. 그네를 혼자 구를 수 있다.			
8. 매트에서 구르기를 할 수 있다.			
9. 손 사용에 있어서 선호도를 보인다.			
10. 손잡이나 병뚜껑을 쉽게 돌린다.			
11. 주스나 우유를 흘리지 않고 따를 수 있다.			
12. 지퍼를 열고 잠글 수 있다.			
13. 단추를 열고 잠글 수 있다.			
14. 작은 물건을 잡을 수 있다.			
15. 가위질을 할 수 있다.			

* 자료: 이정환, 박은혜(1995). 교사를 위한 유아관찰 워크북.

<인지 발달>	예	아니요	비고
1. 질문을 많이 한다.			
2. 사물을 주의 깊게 본다.			
3. 상식이 풍부하다.			
4. 문제 상황이 생겼을 때 다양한 방법으로 해결을 시도한다.			
5. 자연현상에 대하여 관심이 있다(계절, 낮과 밤, 날씨, 동식물의 변화).			
6. 상황에 따라 알맞게 말할 수 있다.			
7. 이야기를 듣고 기억해내어 이야기한다.			
8. 교사가 나타내는 신호나 지시에 따른다.			
9. 읽어 준 글을 자기 생각대로 이해하여 순서대로 말한다.			
10. 글자에 관심을 보인다.			
11. 글자의 기초가 되는 모양을 그린다.			
12. 자기 이름과 간단한 글자를 읽는다.			
13. 어른의 도움 없이 혼자 책을 읽는다.			
14. 책 읽기를 즐겨한다.			
15. 새로 내 놓은 책에 관심을 갖는다.			
16. 자기 이름과 간단한 글을 쓴다.			
17. 어른의 도움 없이 혼자 문장을 쓴다.			
18. 연필을 바로 쥔다.			
19. 바르게 앉아서 쓴다.			
20. 창의적으로 이야기를 꾸며 말할 수 있다.			

<부적응 행동>	예	아니요	비고
1. 자기 의사를 잘 표현하지 못한다.			
2. 다른 사람과 말할 때 마주 쳐다보지 못한다.			
3. 다른 사람과 이야기할 때 '예, 아니요' 라고만 말한다.			
4. 학용품(크레파스, 놀잇감)이 없어도 같이 쓰자는 말을 못한다.			
5. 친구들에게 자기감정이나 의사를 나타내지 못한다.			
6. 낯선 사람 앞에서는 말을 못한다.			
7. 공연히 얼굴을 붉히거나 유난히 수줍음을 탄다.			
8. 남이 조금만 뭐라고 해도 당황하거나 쩔쩔맨다.			
9. 어른이 조금이라도 꾸중을 하기만 하면 울기부터 한다.			
10. 지명을 받았을 때 재촉 받고서야 마지못해 일어난다.			
11. 선생님의 질문에 알면서도 더듬거리거나 말을 하지 못한다.			

<자기정체성>	예	아니요	비고
1. 엄마와 쉽게 떨어진다.			
2. 교사에게 매달리거나 달라붙지 않는다.			
3. 교사의 권유 없이 활동을 스스로 선택하여 논다.			
4. 자신의 권리와 의견을 존중한다.			
5. 자기가 하는 일에 열중한다(집중력이 있다).			
6. 자기가 하는 일에 자신감을 보인다.			
7. 자기가 시작한 일을 끝마친다.			
8. 언어와 행동이 늘 긍정적이다.			
9. 자신의 작품에 대체로 만족해한다.			

<사회정서 발달>	예	아니요	비고
1. 자신의 감정을 말로 표현할 수 있다.			
2. 새로운 환경이나 교구에 흥미를 보인다.			
3. 성격이 명랑하다.			
4. 간정이 쉽게 바뀌는 편이다.			
5. 혼자서 노는 편이다.			
6. 친하게 지내는 친구가 있다.			
7. 놀이에서 주로 지도자 역할을 한다.			
8. 이미 진행되고 있는 놀이에 자연스럽게 끼어든다.			
9. 문제 상황이 생겼을 때 말로 해결한다.			
10. 문제 상황이 생겼을 때 혼자서 잘 해결한다.			
11. 다양한 놀이에 참여한다.			
12. 친구들의 활동을 방해하지 않는다.			

<친사회성 발달>	예	아니요	비고
1. 다른 사람의 감정을 이해하고 그에 맞는 말이나 행동을 한다.			
2. 친구와 나누어 쓸 수 있다.			
3. 친구에게 양보할 수 있다.			
4. 놀이나 작업을 할 때 협동을 잘한다.			
5. 다른 사람의 부탁을 들어 준다.			
6. 친구나 교사를 잘 도와준다.			

<공격적인 행동>	예	아니요	비고
1. 가만히 있는 친구를 공연히 툭툭 치거나 밀친다.	____	____	____
2. 물건을 다른 사람에게 던진다.	____	____	____
3. 다른 사람을 발로 차거나 때린다.	____	____	____
4. 친구를 꼬집거나 깨물려 든다.	____	____	____
5. 다른 아이가 하는 일을 건드려서 망쳐 놓는다.	____	____	____
6. 친구가 가지고 놀고 있는 장난감을 빼앗는다.	____	____	____

<표현력과 창의력>	예	아니요	비고
1. 음악이나 악기소리에 맞추어 몸을 움직인다.	____	____	____
2. 악기를 연주하는 일에 관심을 보인다.	____	____	____
3. 자신의 생각과 느낌을 그림으로 표현을 시도한다.	____	____	____
4. 독창적이고 다양한 형태의 표현을 시도한다.	____	____	____
5. 여러 가지 재료를 이용하여 다양한 방법으로 만들고	____	____	____
꾸밀 수 있다.	____	____	____
6. 역할놀이에서 맡은 역할을 잘 해 낸다.	____	____	____
7. 놀이의 주제를 다양하게 선택한다.	____	____	____

* 사 례 연 구 *

<table>
<tr><td>대상자
이름</td><td></td><td>생년
월일</td><td>년 월 일(만 세)</td><td>남 · 여</td><td>보고자 :</td></tr>
<tr><td colspan="6">1. 유아 문제행동(관찰한 유아의 문제행동의 진술 및 증세를 기록)</td></tr>
<tr><td colspan="6">2. 유아 인적사항(가족관계, 신체 발달과 건강상태, 생육과정에서의 주요 특징 및 성격, 사회성 발달상태, 언어 발달, 각종 검사의 결과 내용 등을 기록)</td></tr>
<tr><td colspan="6">3. 실제지도(상담지도 내용을 기록)</td></tr>
<tr><td colspan="6">4. 지도결과(상담지도 결과 변화된 내용을 기록)</td></tr>
</table>

* 실습 종합 소감 *

* 실습 후 자기평가 *

평가항목	척도				
	1	2	3	4	5
1. 교재연구를 충실히 했는가?					
2. 지도목표에 적합한 지도계획이 수립되었는가?					
3. 어린이의 흥미와 능력을 잘 파악하여 이를 지도계획에 잘 활용할 수 있었는가?					
4. 정확하고 요령 있는 학습지도안을 작성할 수 있었는가?					
5. 필요한 학습자료를 준비하는 일을 게을리 하지 않았는가?					
6. 어린이가 학습의욕을 가지도록 동기유발이 잘 되었는가?					
7. 활동적이고 효과적인 학습을 전개할 수 있었는가?					
8. 개인차에 따른 지도를 하였는가?					
9. 말을 명료하게 하고 음성의 고저와 빠르고 느림이 적당하여 주의를 이끌고 갈 수 있었는가?					
10. 적당한 시기에 적당한 평가방법을 사용할 수 있었는가?					
11. 평가결과를 잘 처리하여 다음 학습에 도움을 줄 수 있었는가?					
12. 어린이 관찰결과와 조사결과를 지도에 활용할 수 있었는가?					
13. 어린이의 모임에 적극 참가하여 적절한 지도를 했는가?					
14. 교실의 통풍, 채광, 청소 등 위생적인 환경구성을 배려했는가?					
15. 교실 내외의 정리정돈과 미화에 힘을 기울였는가?					
16. 장부나 기록을 정확히 기입하는 데 신중을 기했는가?					
17. 평가회에 적극 참가하여 건설적이고 협력적이었는가?					
18. 교사나 동료들과 잘 협력하여 호감을 갖도록 최선을 다 했는 가?					
19. 어린이와 친밀해지고 나아가 존경받게 되었는가?					
20. 실습과정을 통해 어느 정도 교사의 자질을 함양되었는가?					

* 실습생 신상소개서 *

<table>
<tr><td>이름</td><td colspan="3"></td><td>성별</td><td colspan="2"></td><td>종교</td><td></td><td rowspan="3"></td></tr>
<tr><td>주민등록 번호</td><td colspan="3"></td><td colspan="3">생년월일</td><td colspan="2"></td></tr>
<tr><td>본적</td><td colspan="8"></td></tr>
<tr><td>주소</td><td colspan="9"></td></tr>
<tr><td>소속 기관</td><td colspan="9">대학 과 학년 (학번:)</td></tr>
<tr><td rowspan="2">학력</td><td colspan="9">고등학교 년 월 일 졸업</td></tr>
<tr><td colspan="9">대학(교) 년 월 일 졸업 (과)</td></tr>
<tr><td rowspan="3">경력</td><td colspan="2">기관명</td><td colspan="3">기간</td><td colspan="2">직위</td><td colspan="2">비고</td></tr>
<tr><td colspan="2"></td><td colspan="3"></td><td colspan="2"></td><td colspan="2"></td></tr>
<tr><td colspan="2"></td><td colspan="3"></td><td colspan="2"></td><td colspan="2"></td></tr>
<tr><td rowspan="5">가족 사항</td><td>관계</td><td>이름</td><td>나이</td><td>직업</td><td>관계</td><td>이름</td><td>나이</td><td colspan="2">직업</td></tr>
<tr><td></td><td></td><td></td><td></td><td></td><td></td><td></td><td colspan="2"></td></tr>
<tr><td></td><td></td><td></td><td></td><td></td><td></td><td></td><td colspan="2"></td></tr>
<tr><td></td><td></td><td></td><td></td><td></td><td></td><td></td><td colspan="2"></td></tr>
<tr><td></td><td></td><td></td><td></td><td></td><td></td><td></td><td colspan="2"></td></tr>
<tr><td>주요 이수과목</td><td colspan="9"></td></tr>
<tr><td>특기사항 취미</td><td colspan="9"></td></tr>
<tr><td>관심 분야</td><td colspan="9"></td></tr>
<tr><td>희망 직업</td><td colspan="9"></td></tr>
<tr><td colspan="10">※ 실습기관에 드리고 싶은 말 :</td></tr>
</table>

* 실습생 출근부 *

▶ 실습어린이집 이름:

▶ 지도교사:

▶ 실습생 이름:

▶ 실습기간: 200 년 월 일부터
200 년 월 일까지(주간)

요일 주	월요일	화요일	수요일	목요일	금요일	토요일
	월 일	월 일	월 일	월 일	월 일	월 일
1주						
	월 일	월 일	월 일	월 일	월 일	월 일
2주						
	월 일	월 일	월 일	월 일	월 일	월 일
3주						
	월 일	월 일	월 일	월 일	월 일	월 일
4주						
총일수	일	결근 :	지각 :	조퇴 :		

* 보육실습 이수증명서 *

1. 소　　속:　　　　　　　　　　대학　　　　　과
2. 실습기간: 200　년　　월　　일 ~ 200　년　　월　　일 (　일간)
3. 실습자 명단

일련 번호	실습생 명단	근무태도 (10%)	자 질 (15%)	학습 지도능력 (50%)	연구 조사활동 (15%)	학급경영 및 사무처리 능력(10%)	총 평 (100%)	지도 교사명

상기 사실을 증명함.

서기 200　년　　월　　일

직인

실습 어린이집:　　　　　　　원장

* 보육실습 확인서 *

성　　　명:

주민등록번호:

대학　학과명:

실습　기관명:

주소 및 연락처:

시 설 종 류:

※ 보육시설 유치원(종일제) 사회복지시설(아동복지시설 · 장애 영유아시설) 중 해당사항 기재

실 습 기 간:　　　주(　　시간)

위 사람은 종전 법 시행규칙 제8조 제2항에 의한 보육실습을 충실히 이수하였음을 확인합니다.

2005　년　월　일

시설장　　직인

학과장　　직인

* 부모/교직원 일일 면담지 *

영유아 이름: ______________________________

날짜: __________ 도착시간: __________ 귀가시간: __________

시에 일어났습니까?__________ 기분: __________

아침은 먹었습니까?__________ 시간: __________

알레르기(아토피) __________ 편식하는 것 __________

다른 특별한 요구가 있습니까?______________________________

다른 부탁 사항이 있습니까?______________________________

어린이집에서의 관찰내용

	시 간	비 고
식사 (음식, 양, 시간)		
수면 (언제, 얼마 동안)		
기저귀 교환 (배변, 시간)		
다른 정보 (투약, 버릇 등)		

부모에게: ______________________________

____

____

____

참고사항: ______________________________

____

____

____

* 영유아 관찰을 위한 연락장 *

집에서		어린이집에서	
배 변	(　　　회) 묽다　보통　딱딱하다	배 변	(　　　회) 묽다　보통　딱딱하다
아침식사	양: 적게　보통　많이 종류 :	점심식사	양: 적게　보통　많이 종류 :
수면시간	시 ~　시까지	낮 잠	시 ~　시까지
목 욕		목 욕	
영유아의 놀이 및 건강상태		영유아의 놀이 및 건강상태	
기 타		기 타	

* 행사 계획안 *

담 임	시설장

행사명		대상	
목표			
예정일시			
장소			
준비물			
소요비용			
시간	활동내용	시간	활동내용
업무분담			
행사후 평가			
기 타			

* 보육실 환경 점검표 *

담 임	시설장

점검일시: 점검자:

점검내용	예	아니요	비고
1. 보육실에 자연 채광이 충분하고, 조명시설이 적절하며 제대로 작동되는가?			
2. 환경구성은 주제에 맞게 구성되었나?			
3. 보육실 내의 게시물은 유아의 눈높이에 맞게 전시되었는가?			
4. 각 영역의 교재 교구는 스스로 정리할 수 있도록 되어 있는가?			
5. 교실 환경은 따뜻하고 안정된 느낌을 주는가?			
6. 교실의 벽면과 공간을 잘 활용하였는가?			
7. 아동의 개별성이 존중되는가?(예: 개인 사물함이 있고 휴식영역이 있다)			
8. 교사서류 및 자료는 잘 정돈되어 있는가?			
9. 다양한 활동 경험을 할 수 있도록 흥미영역이 효율적으로 배치되어 있는가?			
10. 유아들이 각 영역의 자료를 자율적으로 사용할 수 있는가?			
11. 언어활동 자료가 듣기, 말하기, 읽기, 쓰기의 네 영역별로 다양하게 마련되어 있는가? (예: 카세트테이프/손 인형, 막대동화/종이, 굵은 연필, 색연필/다양한 크기와 종류의 그림책, 헝겊책 등)			
12. 언어활동 자료가 영유아의 수에 따라 충분히 있는가?			
13. 수 활동을 위한 자료가 다양하게 마련되어 있는가? (예: 커다란 단추, 병뚜껑, 다양한 수 게임 자료, 주사위와 판 등)			
14. 과학 활동을 위한 자료가 다양하게 마련되어 있는가? (예: 자석, 돋보기, 돌, 나무껍질, 조개껍질, 살아 있는 곤충, 키울 수 있는 동식물 등)			
15. 미술활동을 위한 자료가 다양하게 마련되어 있는가? (예: 크레파스, 색연필, 풀, 수수깡, 빨대, 색실, 가위, 폐품류, 점토 등)			
16. 음악과 동작활동을 위한 자료가 다양하게 마련되어 있는가?(예: 리듬막대, 탬버린, 실로폰, 음악테이프, 카세트 플레이어, 그림악보, 색 보자기, 리본 테이프 등)			
17 음악과 동작활동을 위한 자료가 충분히 있는가?			
18. 극놀이를 위한 자료가 다양하게 마련되어 있는가? (예: 이야기의 전개에 필요한 다양한 소품들, 옷, 모자, 배경그림 등)			
19. 역할놀이를 위한 놀잇감이 다양하게 마련되어 있는가? (예: 다양한 복장의 옷, 다양한 구두와 신발류 및 장신구, 가방류, 모자류, 음식모형, 그릇류, 인형류, 등)			
20. 쌓기놀이를 위한 놀잇감이 다양하게 마련되어 있는가? (예: 종이 블록, 유니트 블록, 속 빈 블록, 우레탄 블록, 작은 자동차나 표시판, 동물모형 등)			
21. 보육실 내에 놀이를 하고 싶지 않은 영유아가 혼자 쉴 수 있는 공간이 있는가?			

* 교사 회의록 *

<table>
<tr><td rowspan="2">회의명</td><td rowspan="2" colspan="2">(영아, 유아, 전체, 운영) 회의</td><td>담 당</td><td>시설장</td></tr>
<tr><td></td><td></td></tr>
<tr><td>일 시</td><td>년 월 일</td><td>장 소</td><td colspan="2"></td></tr>
<tr><td>참석자</td><td colspan="4"></td></tr>
<tr><td>1. 보고 및
전달사항</td><td colspan="4"></td></tr>
<tr><td>2. 논의사항</td><td colspan="4"></td></tr>
<tr><td>3. 결정내용</td><td colspan="4"></td></tr>
<tr><td>5. 제안 및
건의사항</td><td colspan="4"></td></tr>
</table>

* 업무 분담표(예시) *

구분	담당	업무내용	청소구역
고유 업무	시설장	• 원의 전반적인 교육 및 운영 계획 • 업무분담, 감독, 근무평정 등 업무 관리 • 시설설비 및 재정 관리 • 행정당국 및 단체와의 관계 유지 • 견학 및 행사계획 • 운영 및 보육정보 수집 • 일지 취합 검사	• 전체 청소 구역 관리
	교 사	• 보육활동 진행 및 준비 • 보육일지 작성 • 각 보육실의 환경 구성 및 청결 관리 • 영유아에 대한 관찰 일지 및 보고서 작성 • 학부모 상담 • 영유아 건강 및 안전 관리 • 영유아 영양 및 급식 관리	• 담당 교실 관리
업무 분담	교사 ○○○	• 영아반의 전반적인 교육내용 관리 • 연간 교육계획안, 주간 교육계획안, 일일 교육계획안 작성 • 원아 관리 및 관찰 지도 • 소모성 교재 점검 및 신청 • 시청각 기자재 관리(O.H.P, 빔프로젝터, 비디오 카메라 등) • 안전관리(소화기 점검), 비상 대피 훈련 담당	• 현관 청소
	교사 ○○○	• 입학상담 및 자원봉사자 담당 • 식단표 작성 및 주문 담당 • 게시판(주간 교육계획안, 주간식단표, 월행사) 담당 및 관리 • 위생 소독 • 화분 관리	• 계단 청소 • 외부 청소
	교사 ○○○	• 유아반의 전반적인 교육내용 관리 • 연간 교육계획안, 주간 교육계획안, 일일 교육계획안 작성 • 원아 관리 및 관찰 지도 • 교재교구 정리 및 관리 • 행사 일지 작성 • 비디오 및 테이프 정리 담당	• 화장실 청소 • 화장실 수건관리
	교사 ○○○	• 사무실 도서 정리 및 관리 • 종이, 시트지, 코팅지 복사지(복사기) 등 지류 정리 및 관리 • 업무 일지 작성 • 약품장 관리 및 약품사용 대장 담당 • 생일잔치 계획 및 준비	• 바깥 놀이터 청소

* 생활기록부 *

<앞쪽>

1. 현황

<table>
<tr><td rowspan="4">아동</td><td colspan="2">이름</td><td></td><td>성별</td><td>남 · 여</td><td rowspan="4">사진
(2.5×3cm)</td></tr>
<tr><td colspan="2">생년월일</td><td></td><td>입 · 퇴소
일자</td><td>입소
퇴소</td></tr>
<tr><td colspan="2">주소</td><td colspan="3"></td></tr>
<tr><td colspan="2">전화번호</td><td></td><td>혈액형</td><td></td></tr>
<tr><td rowspan="8">보호자</td><td colspan="2">아동과의
관계</td><td>부</td><td>모</td><td>형제(자매)</td><td>기타</td></tr>
<tr><td colspan="2">이름</td><td></td><td></td><td></td><td></td></tr>
<tr><td colspan="2">직업</td><td></td><td></td><td></td><td></td></tr>
<tr><td colspan="2">근무지
(전화번호)</td><td></td><td></td><td></td><td></td></tr>
<tr><td rowspan="3">근무시간</td><td>평일</td><td></td><td></td><td></td><td></td></tr>
<tr><td>토요일</td><td></td><td></td><td></td><td></td></tr>
<tr><td>일요일</td><td></td><td></td><td></td><td></td></tr>
<tr><td colspan="2">생활 정도</td><td>상, 중, 하, 영세</td><td colspan="2">보육료 감면 여부</td><td>면제, 경감, 유료</td></tr>
<tr><td colspan="3">데려오고,
데려가는 사람</td><td colspan="4">(성명: 관계:) (성명: 관계:)</td></tr>
</table>

* 비고: 보호자란 중 부 · 모가 있을 경우 양자 모두 기재.

2. 생활습관

수면	
배변	
식사	
성격	
기타	

<뒷쪽>

3. 전염병 예방접종

종류	1회	2회	3회	추가	추가
B. C. G					
D. P. T (디프테리아, 백일해, 파상풍)					
경구용소아마비					
홍역					
볼거리					
풍진					
장티푸스					
일본뇌염					
콜레라					
수두					
간염					

4. 병력 기록

병명	질병 발생 연월일 및 질병의 정도	
	입소 전	입소 후

5. 성장에 관한 기록

측정시기 / 구분								
신 장(cm)								
몸무게(kg)								
비 고: 18월 미만의 아동은 2월마다, 그 이상의 아동은 6월마다 측정 · 기록한다.								
	기록관리자 □□							

* 출처: 2005년도 보육사업 안내.

* 건강기록부 *

영유아명		생년월일		성별	남, 여

• 가족사항

이름	관계	생년월일	동거 여부		건강문제와 건강 진단 상태
			예	아니요	

가족 사이에 퍼진 질병의 유무 □ 무 □ 유 질병명 :

• 임신과 출생력

분만 장소(병원이름)	
이전 임신	총 횟수 (번) 유산 (번) 생존아 수 (명)
임신 중 어머니의 건강	□ 양호
분만	□ 기타 ( )
신생아 기간중의 질병	□ 정상분만

• 예방접종 및 병력 (○, ×로 표시)

종류 (시기)	접종 유무	질환 유무
B. C. G. (생후 1개월)		
B형 간염 (출생 직후, 생후 5년마다)		
D. P. T. (2, 4, 6개월, 18개월, 4~6세)		
소아마비 (2, 4, 6개월, 18개월, 4~6세)		
홍역 (9개월)		
볼거리 (15개월)		
풍진 (15개월)		
수두 (1세)		
일본뇌염 (3세 이후)		
장티푸스 (5세 이상)		
백일해		
결핵 또는 만성 기침		
기타 질환		

※ 이미 앓은 경험이 있거나 현재 앓고 있는 질환

※ 알레르기 반응이 있는 경우의 기록 (상세히)

* 건강관리 연간계획표 *

년 월 일 점검자 :

월	건강관리 계획	월	건강관리 계획
3월		9월	
4월		10월	
5월		11월	
6월		12월	
7월		1월	
8월		2월	

2. 관련법규

가. 영유아보육법 시행규칙 제10조 [별표 2] 보육시설의 배치기준

1. 보육시설에 두어야 하는 보육시설 종사자와 그 수

가. 보육시설의 장 1인. 다만, 영유아 20인 이하를 보육하는 시설은 보육시설의 장이 보육교사를 겸임할 수 있다.

나. 보육교사

(1) 만 1세 미만의 영아 3인당 1인을 원칙으로 한다.

(2) 만 1세 이상 만 2세 미만의 영아 5인당 1인을 원칙으로 한다.

(3) 만 2세 이상 만 3세 미만의 영아 7인당 1인을 원칙으로 한다.

(4) 만 3세 이상 만 4세 미만의 유아 15인당 1인을 원칙으로 한다.

(5) 만 4세 이상 미취학 유아 20인당 1인을 원칙으로 하며, 이 경우 유아 40인당 1인은 보육교사 1급 자격을 가진 자이어야 한다.

(6) 취학 아동 20인당 1인을 원칙으로 한다.

(7) 장애아 보육은 장애아 3인당 1인을 원칙으로 하되, 장애아 9인당 1인은 특수교사 자격소지자로 한다.

다. 간호사

영유아 100인 이상을 보육하는 시설의 경우 간호사(간호조무사를 포함한다. 이하 같다.) 1인을 두어야 한다.

라. 영양사

영유아 100인 이상을 보육하는 시설의 경우 영양사 1인을 두는 것을 원칙으로 하되, 보육시설 단독으로 영양사를 두는 것이 곤란한 때에는 동일 시 · 군 · 구의 5개 이내 보육시설이 공동으로 영양사를 둘 수 있다.

마. 취사부

영유아 40인 이상을 보육하는 시설의 경우 취사부 1인을 두며, 영유아 매 60인을 초과할 때마다 1인씩 증원한다.

바. 그 밖의 종사자

시설의 규모와 특성에 따라 의사(또는 촉탁의사), 사회복지사, 사무원, 관리인, 위생원, 운전기사, 치료사 등의 종사자를 둘 수 있다.

사. 보육시설의 장이 간호사 또는 영양사 자격이 있는 때에는 간호사 또는 영양사를 겸직하게 할 수 있다.

2. 보육시설 종사자의 복무

가. 보육시설의 장은 전임이어야 하며, 다른 시설의 업무를 겸임할 수 없다.

나. 보육교사의 근무시간은 평일 8시간을 원칙으로 하고, 그 밖에 전후로 연장되는 시간은 보육시설의 장과 보육교사가 교대 근무하며, 초과 근무수당을 지급하여야 한다.

다. 보육시설 종사자의 휴가는 보육공백을 최소화할 수 있도록 순번제로 실시하고, 보수교육, 출산휴가 등으로 공백이 생기는 경우에는 대체교사를 배치하여야 한다.

나. 영유아보육법 시행규칙 제23조 [별표 8] 보육시설 운영기준

1. 명칭

가. 보육시설의 명칭은 "어린이집" 으로 한다.

나. 이 명칭은 국공립 보육시설이나 시장 · 군수 · 구청장의 인가를 받아 설치되는 보육시설만이 사용할 수 있으며, 동일 시 · 군 · 구에서는 동일한 명칭을 사용할 수 없다.

다. "어린이집" 이라는 명칭 외에 다른 기관으로 오인할 수 있는 별도의 명칭을 표기하거나 병기하여서는 아니 된다.

2. 보육시설의 운영

가. 보육대상

보육시설은 가능한 한 2세 미만 영아반, 2세 영아반와 3세 이상 유아반을 동시에 운영하여야 한다.

나. 보육시설 이용신청자명부의 작성 · 비치

보육시설의 장은 신청순위에 따라 별지 제19호 서식의 이용신청자 명부를 작성 · 비치하여 이를 열람할 수 있도록 하여야 한다.

다. 보육시간 등

(1) 보육시설은 주 6일, 평일 12시간 이상 운영함을 원칙으로 하되, 보호자의 근로 시간 등을 참작하여 조정 운영할 수 있다.

(2) 보육시설은 '관공서의 공휴일에 관한 규정' 에 의한 공휴일(이하 "공휴일" 이라 한다)을 제외하고 연중 계속 운영하여야 하며, 지역 및 시설 여건에 따라 보호자와 보육시설의 장의 협의에 의하여 공휴일에도 운영할 수 있다.

라. 운영규정

보육시설의 장은 조직 · 인사 · 급여 · 회계 · 물품 그 밖에 시설의 운영관리에 관하여 필요한 규정을 제정 · 시행하여야 한다.

마. 보육료 수납

보육시설의 장은 보육 영유아의 보호자 등이 체신관서 및 금융기관을 통하여 보육료를 납부할 수 있도록 보육료 납부통지를 하여야 한다.

바. 비용의 지출

(1) 보육시설의 지출은 계좌입금 또는 신용카드로 함을 원칙으로 한다.

(2) 국공립 보육시설, 법인보육시설 등 보육시설 종사자의 인건비를 지원받는 보육시설의 장은 해당 보육시설 종사자의 인건비를 지급하는 때에 여성부장관이 정하는 종사자 봉급표를 기준으로 지급하되, 지방자치단체에서 별도 지급하는 교사처우개선비, 건강보험료 등을 부가적으로 지급하여야 한다.

(3) 보육시설 종사자 인건비의 지급은 반드시 계좌 입금하여야 하며 보육시설 종사자에게는 봉급명세서를 발급하여야 한다.

보육시설의 지출은 계좌입금 또는 신용카드로 함을 원칙으로 하고, 보육시설 종사자 인건비의 지급은 반드시 계좌 입금하여야 하며 보육시설 종사자에게는 봉급명세서를 발급하여야 한다.

사. 보험가입

(1) 보육시설의 장은 영유아의 보호자에게 보육시설을 이용하는 영유아를 상해보험에 가입하도록 안내하여야 한다.

(2) 보육시설의 대표자는 영유아 상해 등에 따르는 배상책임에 대비하기 위하여 배

상보험 및 화재보험에 가입하여야 한다.

(3) 보육시설 종사자는 관계 법령이 정하는 바에 따라 산재보험, 고용보험에 가입하여야 한다.

(4) 보육시설에서 차량운행을 하는 때에는 자동차보험에 가입하여야 한다.

아. 장부 등의 비치

보육시설에는 다음의 장부 및 서류를 비치하여야 한다. 다만, 상시 영유아 20인 이하의 시설로 보육시설의 장이 보육교사를 겸임하는 시설의 경우에는 (4), (6), (10), (11) 및 (13) 외의 장부 및 서류는 비치하지 아니할 수 있다.

(1) 시설의 연혁에 관한 기록부

(2) 재산목록과 그 소유를 증명하는 서류(부동산을 임차하는 경우에는 임대차 계약서를 포함한다.)

(3) 시설운영일지

(4) 보육시설 종사자의 인사기록카드(채용구비서류, 이력서 및 사진을 포함한다.)

(5) 예산서 및 결산서

(6) 총계정원장 및 수입 · 지출보조부

(7) 금전 및 물품출납부와 그 증빙서류

(8) 보고서철 및 관계행정기관과의 문서철

(9) 소속 법인의 정관 및 관계서류

(10) 보육시설 이용신청자명부 및 이용아동연명부

(11) 생활기록부 · 영유아 보육일지 및 건강진단카드

(12) 보육시설 종사자의 인사 · 복무 및 시설운영에 관한 규정 등

(13) 안전점검표

(14) 그 밖에 보육시설 운영에 필요한 서류

3. 안전 및 위생관리

가. 안전관리

(1) 보육시설의 장은 안전점검표 양식에 따라 일정기간별로 시설의 안전점검을 시행하여 화재 · 상해 등의 위험발생요인을 사전에 제거하여야 한다.

(2) 각 놀이시설물에 대하여 적절한 점검일정을 세워 점검하여야 한다. 이 경우

놀이시설물의 볼트, 너트 등 이음장치, 울타리, 구조물의 부식 여부 등은 매일 점검하고, 움직이는 부분들이 서로 맞물리는 놀이시설물의 경우 영유아의 신체 일부분이 놀이기구에 끼지 아니하도록 맞물림의 형태 등을 점검하여야 한다.

(3) 보육시설의 장은 소방계획을 작성하고 매월 소방훈련을 실시하여야 한다.

(4) 보육시설의 장은 「아동복지법」 제9조 제3항의 규정에 의하여 매년 안전교육계획을 수립하여 보육영유아에 대하여 안전교육을 실시하고 이를 시장 · 군수 · 구청장에게 보고하여야 하고, 보육시설 종사자에게도 안전교육을 실시하여야 한다.

(5) 보육시설의 장은 보호자와의 비상연락망을 확보하고, 사고에 대비하여 보육 영유아에 대한 응급처치 동의서를 받아 비치하여야 한다.

(6) 보육시설의 장은 영유아에 대한 사고가 발생한 때에는 즉시 영유아의 보호자에게 알리고, 사고가 중대한 경우 시장 · 군수 · 구청장에게 보고하여야 하며, 사고보고서를 작성하여 비치하여야 한다.

(7) 보육시설 종사자는 영유아에게서 아동학대의 징후 등을 발견하는 때는 「아동복지법」 제26조 제2항의 규정에 의하여 즉시 아동보호전문기관 또는 수사기관에 신고하여야 한다.

나. 위생관리

(1) 조리실 · 화장실 · 침구 등에 대하여 정기적으로 소독을 실시하여야 한다.

(2) 보육시설의 음용수는 상수도 및 간이상수도를 사용하는 때에는 물을 끓여 사용하는 것을 원칙으로 하고, 정수 장치를 설치하는 때에는 정기적인 필터 교환 등으로 수질을 관리하여야 하며, 음용수로 지하수를 사용하는 때에는 「먹는 물 수질기준 및 검사 등에 관한 규칙」 제3조의 규정에 의하여 수질검사를 신청하여야 하며, 수질검사기관으로부터 교부받은 먹는 물 수질검사성적서를 비치하여야 한다.

(3) 보육시설 종사자는 영유아의 위생에 영향을 미치는 감기, 독감, 홍역 등 유행성 질환 감염 여부, 영유아의 피부, 머리, 손톱 · 발톱, 치아상태, 보육시설의 청소상태, 침구 및 기저귀 등의 위생상태, 욕실 및 화장실의 청결상태, 세면도구 등

의 위생상태 등에 대하여 수시로 점검하여야 한다.

(4) 동물을 두는 때에는 미리 부모에게 이를 고지하고, 동물로부터 영유아가 알레르기 및 질병, 상해를 입지 아니하도록 정기적으로 수의사를 통해 면역조치 등을 받아야 하며, 동물 · 곤충 또는 배설물 등을 접촉한 때에는 접촉 부위를 씻어야 한다.

다. 차량안전관리(차량을 운영하는 경우)

(1) 차량은 11인승 이상 승합자동차에 한하며 「도로교통법」 제48조의 4의 규정에 의하여 미리 어린이통학버스로 관할 경찰서장에게 신고하고 신고필증을 교부받아야 한다.

(2) 운전기사는 채용 시 건강진단서를 제출하여야 한다.

(3) 보육시설에서 운행 중인 모든 차량에는 차량 내에 안전수칙을 부착하고, 차량용 소화기 및 구급상자를 비치하여야 하며, 차량안전점검표에 의한 안전점검을 실시하여야 한다.

(4) 차량운행 시 보육교사 등 영유아를 보호할 수 있는 사람이 동승하여야 하고, 36개월 미만 영아를 탑승시키는 때에는 보호자가 동반하거나 보호장구를 착용하는 것을 원칙으로 한다.

(5) 교사와 영유아는 차량 운행시작 전 안전벨트를 착용하여야 한다.

(6) 운전자는 음주, 휴대폰 또는 이어폰 사용 등 운전판단 능력에 영향을 미치는 행위를 하여서는 안 된다.

(7) 퇴원 차량운행 시 보육교사 등 차량에 동승하는 자는 영유아가 안전하게 부모 등 보호자에게 인도될 수 있도록 조치하여야 한다.

3. 실습지도 자료

1) 학교에서 실습지도 자료의 예

보육실습 지도계획

보육실습은 오리엔테이션, 사전방문, 현장실습 및 학교출석 수업 그리고 실습 후 출석 수업 및 평가로 이루어진다.

▶ 보육실습 신청서 제출 : 3월 31일까지

▶ 실습기관 선정 기준
① 국공립 보육시설 우선
② 4개의 반 이상을 갖고 있는 어린이집
③ 삼성어린이집과 직장보육시설 등과 같은 공공성을 띤 어린이집 등

▶ 오리엔테이션 : 6월 20일 09시 30분~16시 30분
6월 21일 09시 30분~16시 30분
6월 22일 14시~16시

▶ 실습 전 사전방문 : 기관에 전화 연락 후 약속하여 방문하며, 실습 직전 금요일이나 토요일 또는 기관에서 적절하다고 약속하는 날과 시간에 방문한다.

▶ 현장 보육실습 일정
① 월요일~토요일까지 실습기관에서 이루어지며
② <1차> 2005. 6. 27~2005. 7. 23(총4주간)
<2차> 2005. 7. 25~2005. 8. 20(총4주간)

▶ 실습내용 : 3회 이상의 부분수업과 2회 이상의 전일제 수업을 포함함.

▶ 실습 후 제출물 : 실습일지, 실습보고서

▶ 현장 실습 후 평가 및 수업
① 2학기 중 보육실습 수업시간에 실시함.
② 평가는 실습기관의 평가와 실습일지, 실습 내용 발표 및 수업모형 발표를 중심으로 이루어짐.

보육실습 신청서

▶ 학 과 :

▶ 학 번 :

▶ 주민등록번호 :

▶ 이 름 :

▶ 연락처 : 집) 핸드폰)

▶ 주 소 :

▶ 이메일 주소 :

▶ 가능한 기간 표시 : 모두 가능( ), 1차( ), 2차( )

☞ 특별한 사정이 없을 시에는 기관 일정에 용이하게 모두 가능을 선택하기를 권장합니다.

[1차 기간 선택 이유:]

[2차 기간 선택 이유:]

☞ 1차 기간 : 6월 26일~7월 22일 ☞ 2차 기간 : 7월 24일~8월 19일

▶ 기타 건의 사항(배정 희망 기관 or 희망 실습 지역 등)

▶ 선수 과목표 시 : 보육실습 관련 과목 중 수강한 과목 표기

아동발달( ) 유아건강교육( ) 유아교육과정( )

유아교육론( ) 교과교재연구 및 지도법( )

실습평가서

2005. . .

□기 관 장 : (印)
□실습 기관 : (印)
□실습지도자 : (印)
□학 생 명 :
□실습 기간 : 2005년 월 일 ~ 2005년 월 일

* 아래 기준에 따라 평가하신 번호를 각 항목 앞에 적어 주십시오.

아주 그렇다(5). 그렇다(4). 보통이다(3). 다소 그렇지 않다(2). 아주 그렇지 않다(1).

Ⅰ. 교사의 일반 자질

1. ________ 친절하고 깨끗하다.
2. ________ 옷차림이 단정하고 자세가 바르다.
3. ________ 분명히 말하고 듣기 좋은 목소리다.
4. ________ 예의가 바르다.
5. ________ 타인을 고려하며 관대하다.
6. ________ 유머 감각이 있다.
7. ________ 지구력이 있다.
8. ________ 가르치는 데 관심이 많다.
9. ________ 기꺼이 배우고자 한다.
10. ________ 비평을 잘 소화한다.
11. ________ 자신감이 있다.

Ⅱ. 일반 사무처리 능력

1. ________ 상황판단이 빠르다.
2. ________ 교실 내의 정돈을 한다.
3. ________ 독립적으로 일을 수행한다.

4. ________ 매일 프로그램 계획 및 준비를 한다.
5. ________ 아동수준에 맞는 활동을 계획한다.
6. ________ 출석확인 및 장부정리를 한다.
7. ________ 출퇴근이 성실하다.

Ⅲ. 아동지도 능력

1. ________ 아동을 좋아한다.
2. ________ 아동을 있는 그대로 수용한다.
3. ________ 아동을 공평하게 대한다.
4. ________ 아동에게 쉽게 설명한다.
5. ________ 제한을 적절히 한다.
6. ________ 긍정적으로 지도한다.
7. ________ 감정표현을 격려하고 인도한다.
8. ________ 아동 사이의 문제를 잘 조정한다.
9. ________ 집단을 잘 통솔한다.
10. ________ 창의적이고 다양한 교재를 만든다.
11. ________ 아동의 창의적 표현을 돕는다.
12. ________ 아동의 과학적 경험을 넓혀 준다.
13. ________ 아동의 언어적 경험을 넓혀 준다.
14. ________ 화장실 사용을 지도한다.
15. ________ 휴식시간 및 간식시간 지도를 한다.

Ⅳ. 대인관계

1. ________ 사람에게 긍정적 관심을 보인다.
2. ________ 다른 사람과 협력한다.
3. ________ 새 의견을 잘 받아들이며 융통성이 있다.
4. ________ 동료와 아동에 대한 직업적 긍지를 가지고 있다.
5. ________ 부모와의 만남을 잘 이끈다.

■ 실습생의 장점 :

■ 실습생의 단점 :

■ 기타 건의사항 :

2005년 월 일

평가지도자 (印)

보육실습 보고서

실 습 생 : ○ ○ ○
Supervisor : ○ ○ ○ 선생님

Ⅰ. 실습기관 소개

1. 기 관 명:

2. 주 소 :

3. 기관대표 :

4. 설립목적 :

5. 시설현황

1) 규 모 :

2) 건물구성 :

원장	원감	주임교사	교사	복지사	간호사	영양사	조리원	기사
1	·	3	9	1	1	1	4	1

6. 기관의 행정구조

1) 인원현황

2) 직원 및 조직체제

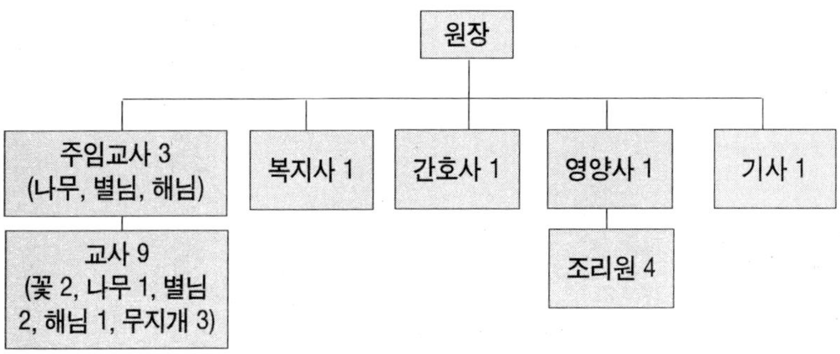

7. 기관 프로그램 소개

– 만 1세반

- 애착 형성을 위한 적응프로그램과 영아기에 안정적인 애착을 도모할 수 있도록 프로그램 제공한다.
- 영아의 발달 수준과 개별성을 충분히 고려하여 발달에 적합한 감각 중심의 놀이 제공한다.

– 만 2세반

- 영아의 발달 수준과 개별성을 고려하여 자율적으로 기본생활습관을 형성하도록 돕는다.
- 대근육활동을 경험할 수 있는 환경 마련과 풍부한 언어적 자극, 감각적인 교구를 통한 놀이와 환경을 제공한다.

– 만 3세반

- 유아의 발달적 특성과 개인별 발달 속도 및 흥미 수준에 맞추어 적절한 자극 제공한다.
- 언어적 표현력 증진과 기초적 사고 능력, 문제해결 능력을 증진시키며 기본생활습관을 익힌다.

– 만 4세반

- 다양한 교육활동을 통하여 창의적 사고와 표현 능력을 기르며 정서적 안정감을 갖게 한다.
- 유아의 발달적 특성과 관심, 흥미를 고려한 개별 학습과 자유선택활동을 중시하고 개방된 일과를 진행한다.

– 만 5세반

- 유아의 발달에 적합한 다양한 활동을 흥미영역에서 스스로 계획, 실행, 평가하는 교육 프로그램을 제공한다.
- 특별활동을 통해 균형적인 신체 발달과 창의력을 개발한다.

Ⅱ. 실습내용 소개

1. 실습기간 : 2005년 7월 25일~8월 20일

2. 실습목표

1) 실습생 자신의 실습목표

① 교과 과정을 통해 배운 이론을 실제로 적용해 보고 체험해 본다.

② 보육교사가 하는 일을 실제적으로 알아보며, 보조된 역할을 충실히 해낸다.

③ 아이들과 다양한 상호작용을 해 보고 아이들을 대하는 자세를 익힌다.

2) 기관의 실습목표

① 보다 좋은 보육 교사 양성을 위해 실무 경험을 갖도록 기회를 제공한다.

② 학교에서 경험하지 못한 실질적인 경험을 제공한다.

③ 진로선택에 있어 아동 관련 분야의 선택이 적성에 맞는가 하는 성찰의 기회를 제공한다.

3) 실습내용 및 일정표

주별	일별	활동내용	준비물	담당부서
1주	7/25 ~ 7/30	일과 파악 및 아동의 이름 외우기 나무반 수업참관 및 수업준비 도움	수첩, 필기도구	나무반
2주	8/2	부분수업 1 (만들기-배 만들기)	우유팩, 꾸미기 재료	
	8/3	부분수업 2 (탐색-양말 속에 곤충이 몇 마리 들어 있나?)	곤충모형, 양말	
	8/4	부분수업 3 (실외-세차놀이)	세차놀이 교구, 장난감자동차	
3주	8/10	연결수업(소꿉-바닷가 놀러가는 흉내 내기 + 대근육-종이벽돌 블록 배 만들어 낚시하기)	가방, 모자, 여름용품, 종이벽돌 블록, 낚싯대, 물고기 모형	
	8/11	부분수업 4(책보기-동시 <소라>)	동시판	
	8/12	부분수업 5 (전이활동-참 재미있었지)	노래장갑, 카세트테이프	
4주	8/18	반일제 수업 진행		

Ⅲ. 실습사례

1. 부분 수업(계획)안

<table>
<tr><td>활동 명</td><td>세차놀이</td><td>활동 일시</td><td>2005. 8. 4(목)</td></tr>
<tr><td>활동 영역</td><td colspan="3">실외 자유선택영역</td></tr>
<tr><td>주요 경험</td><td colspan="3">물과 비누, 세차 도구들을 이용하여 세차놀이를 경험해 본다.</td></tr>
<tr><td>활동 인원</td><td colspan="3">3~4명</td></tr>
<tr><td>활동 시간</td><td colspan="3">5~10분</td></tr>
<tr><td>준비물</td><td colspan="3">바깥놀이터의 장난감 자동차, 세차 솔, 물통, 비눗물, 손걸레</td></tr>
<tr><td>활동 방법</td><td colspan="3">1. 세차도구 교구들을 펼쳐 좋고 장난감 자동차를 준비하여 영아들을 시각적으로 자극한다. 관심을 보이는 영아에게 언어적 상호작용을 하며 세차에 관심을 갖도록 한다.
- 여기 분홍색 손걸레가 있네. ○○의 손이 쏙 들어가는구나.
- 기다란 막대에 스펀지가 달린 솔도 있구나.
스펀지는 손으로 누르면 작아 졌다가 손을 놓으니 다시 커지는구나.
- 이 닦는 칫솔처럼 생긴 솔이랑, 깨끗하게 닦아주는 걸레랑, 뽀글뽀글 비누 거품이 있구나.
2. 세차를 하는 놀이를 한다.
- 저기 나무반 친구들이 바깥놀이터에서 타고 노는 빨간 자동차가 있네.
- ○○○야, 빨간 자동차가 더러운 것 같은데, 솔에 거품을 묻혀서 자동차를 쓱싹쓱싹 닦아 줄 수 있겠니?
- 비눗물에 거품을 내서 솔을 이용해 더러워진 자동차를 닦는다.
- 물을 부어 거품을 제거한다.
- 거품과 물은 미리 물통에 담아 놓은 만큼만 사용한다.
- 손걸레를 이용해 물기를 닦는다.
- ○○○가 비눗물 묻은 수세미로 쓱싹쓱싹 닦아 주니까 자동차가 깨끗해지는구나.
- ○○○가 자동차를 솔로 문질러서 깨끗하게 해 주고 있구나.
- ○○○야 이제 물을 끼얹어서 거품을 없애 볼까?
- ○○○가 자동차에 남아 있는 물기를 마른 손 걸레로 보송보송하게 닦아주고 있구나.</td></tr>
<tr><td>확장활동</td><td colspan="3">- 물을 이용해 깨끗하게 하는 여러 가지 일상 활동을 찾아본다.</td></tr>
</table>

세차놀이교구

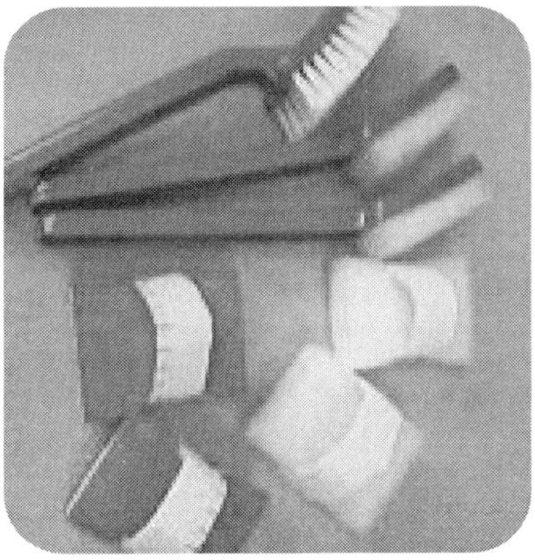

세차놀이하는 나무반

2. 종일 수업(계획)안

일 자	2005년 8월 18일 목요일	
주 제	더워요	
소주제	여행 가는 놀이를 해요 II	
교육목표	실내 · 외에서 여행에 관한 다양한 놀이를 경험해 본다. 여행 다녀온 경험을 놀이로 표현해 본다.	
시 간	활 동 내 용	
	활동명	활동진행과정
7:30~9:00	등원 및 통합보육	영아들의 등원과 자유선택놀이 진행
9:00~10:00	자유놀이 및 오전간식	영아와 놀잇감을 가지고 자유롭게 놀이하기 포크나 수저를 사용하여 스스로 먹을 수 있도록 하기
10:00~10:30	실내 자유놀이	* 소꿉영역–밀가루 반죽으로 도시락 싸기 * 쌓기 대근육 영역–벽돌블록으로 배 만들어 낚시하기 * 그리기 만들기 영역–바다 속 동물 솜방망이로 찍기 * 책보기 영역–여행 다녀온 사진 보며 이야기하기 * 탐색 조작 영역–촉감 물고기 탐색하기
10:30~10:40	정리정돈 및 전이활동	교사가 정리하면서 영아도 제자리에 놓아 보기 * 전이활동–꽃게박수 다음 놀이 활동 장소를 알려 이동하기
10:40~11:20	실외 자유놀이	* 실외활동–뜨고 가라앉기
11:20~12:30	점심식사 및 이 닦기	식사 전 손을 씻고 수저를 사용하여 스스로 먹을 수 있도록 하기 점심식사 후 이 닦기를 도와주기 낮잠 자기 전에 기저귀를 갈거나 대소변 가리기를 하기
12:30~3:00	낮잠준비 및 낮잠	낮잠준비를 하고 조용한 음악이나 자장가를 들려 주기
3:00~4:30	낮잠 깨기 및 손씻기, 오후간식	낮잠에서 깨어나면 잠자리를 정리하기 영아에 따라 기저귀를 갈거나 대소변 가리기를 하기 손을 씻겨 주거나 씻을 수 있도록 하기 포크나 수저를 사용하여 스스로 먹을 수 있도록 하기
4:30~5:30	실내 · 외 자유놀이	편안하게 오전에 계획된 활동을 반복하거나 교실 외 다른 공간(실외놀이터, 신체활동실, 옥상 등)으로 장소를 이동하여 놀이하기
5:30~7:30	조용한 놀이 통합 보육 및 귀가	조용한 놀이를 하거나 시청각을 감상하다가 부모님이 오시면 놀던 자리를 정리하고 귀가하기

3. 영역별 교재 · 교구

활동명	양말 속에 곤충이 몇 마리 들어 있을까요?		
활동 영역	탐색조작 영역		
활동 일시	2005. 8. 3(수)	활동 연령	만 2세
주요 경험	· 양말 속의 곤충모형을 잡아 꺼내어 볼 수 있다. · 수세기를 경험해 볼 수 있다. · 손에 느껴지는 여러 재료들의 촉감을 이야기해 볼 수 있다.		
활동 인원	2~4명	활동 시간	5~10분
준비물	다양한 곤충모형, 커다란 양말, 바구니		
활동방법	1. 영아들이 그림자 곤충판과 바구니에 담아 준비한다. 2. 준비된 곤충모형과 양말에 영아들이 흥미를 보이면 곤충의 이름과 준비된 교구에 대해 이야기를 나눈다. 3. 영아들이 양말 속에 곤충을 넣거나 빼보는 등의 행동을 하도록 하고 영아의 행동에 반응해 주면서 양말 속에 어떤 곤충이 들어 있는지 만져 보도록 제안한다. 4. 교사는 각각의 양말 속에 곤충을 넣은 후 영아가 직접 손으로 만져서 수를 짐작해 볼 수 있도록 영아의 행동을 격려한다.		
제작방법	1. 무당벌레 · 지름 4cm의 스티로폼 볼을 1/2로 자른 후 빨간색과 검은색 시트지를 반씩 싸고 바닥면 까지 시트지로 싼다(시트지에 적당히 칼집을 내어 둥근면을 잘 붙인다.). · 빨간 부분에 모양 단추, 납작하게 자른 수수깡 등을 붙인다(스티로폼 본드, 글루건 사용). · 검은 부분에 눈알을 붙인다. 2. 매미 · 부직포를 길이 6cm 정도 타원형으로 2장을 자른다. · 타원의 1/3 정도를 남색 부직포로 덮을 수 있도록 잘라 준비한다. · 매미 날개 모양의 부직포를 잘라 머리와 몸통을 연결하고 날개까지 실로 꿰맨다. 이때 매미의 안에 바느질 후 잡았을 때 촉감이 다르게 하기 위해 콩, 쌀, 작은 단추 등을 넣는다. · 바느질 후 본드를 이용하여 눈알을 붙인다. 3. 애벌레 · 실과 바늘을 이용하여 뽕뽕이를 바느질로 연결한다(튼튼하게 박음질 바느질법 이용). · 5~6개의 뽕뽕이를 연결한 후 본드를 이용하여 눈알을 붙인다. 4. 잠자리 · 바느질을 이용하여 빨간색 뽕뽕이와 하얀색 뽕뽕이 2개를 연결한다. · 하늘색 부직포를 날개모양으로 2장을 잘라 안에 솜을 약간 넣은 후 꿰맨다. · 날개와 미리 연결한 뽕뽕이를 바느질로 연결한다. · 스티로폼 본드를 이용하여 하얀 뽕뽕이 위에 눈알을 붙인다. 5. 양 말 · 색깔 천을 이용하여 버선 모양으로 자른다(영아들의 손을 넣을 수 있는 크기로 자른다.). · 2장을 마주 보게 하여 재봉틀을 이용해 바느질한 후 뒤집어 마무리한다.		

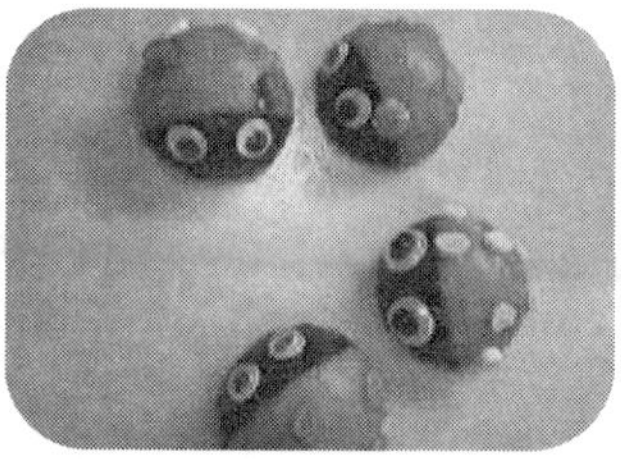

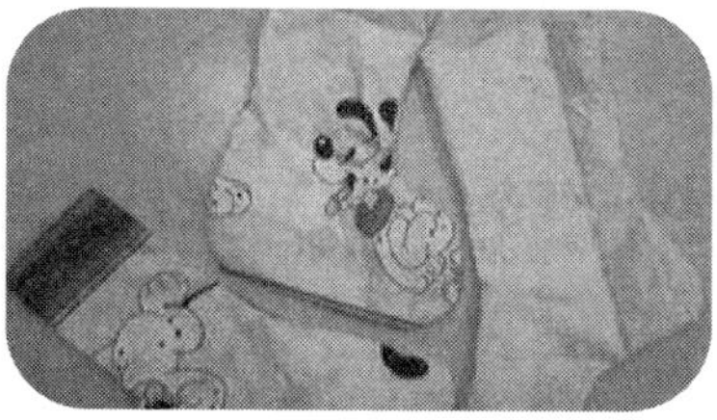

4. 행동관찰아동

이 름	○ ○ ○	연 령	만 2세	성 별	여
일 시	2005. 7. 29.		보고자	○ ○ ○	
관찰내용	파란색 탱탱볼을 두 팔로 안고 개인 사물함 앞에 있는 교사에게 다가가 수줍은 미소를 보이며 탱탱볼을 잡은 두 팔을 내민다. 교사에게 밝게 웃으며 공 던지고 받기를 제안한다. 교사와 마주 보고 1.5m 정도의 거리를 사이에 두고 서서 머리 위로 포물선을 그리며 공을 교사에게로 던진다. 교사는 앉아서 공을 던져주고 두 팔을 모아 가슴으로 공을 받는다. 까르르 소리를 내며 웃으며 좋아한다. 3~4분 정도 공 던지고 받기를 지속하다가 교사가 실습교사와 활동하기를 제안하자 가슴에 두 팔로 공을 안고 실습교사에게 다가와 "이거 같이 해." 하고 말한다. 실습교사가 존댓말로 다시 물어보니 "네."라고 대답한다. 실습교사가 던진 공을 떨어뜨리지 않고 받으면 밝은 표정으로 까르르 소리를 내며 웃는다. 공을 한 번에 받지 못하면 허리를 숙이고 걸으면서 굴러가는 공을 주워 공을 던지는 위치로 다시 온다. 공을 머리 위로 높게 던져 실습교사가 잡지 못하자 수줍은 듯 고개를 아래로 떨어뜨리고 웃어 보인다. 실습교사와의 사이로 다른 영아들이 이동하자 공을 던지지 못하고 잡고 서 있다가 공을 내밀며 "파란색"하고 말한다. 탱탱볼을 내려놓고 비치볼을 가리키며 "노란색" 하고 말한다. 탱탱볼을 내려놓고 비치볼이 있는 곳으로 달려가 두 손으로 잡고 가슴에 안는다. 파란색 탱탱볼이 있는 곳으로 돌아가 노란색 비치볼을 쳐다보며 "똑같다. 근데 이게 더 커."라고 말한 후 비치볼 던지고 받기를 다시 시작한다.				

분 석	공을 던지고 받는 활동을 되풀이해서 능숙하게 할 수 있다. 파란색, 노란색의 색깔 명칭을 알고 말한다. 크고 작은 것을 알고 말한다.

Ⅳ. 실습소감

1. 실습을 통해 얻을 수 있었던 것

한 달간의 보육실습은 나에게 그동안 배웠던 많은 이론 지식을 온몸으로 소화할 수 있도록 해 주는 발판이 되었다. 그동안 학과 공부를 통해 배웠던 이론들과 교수님의 말씀들이 나무반 영아들에게서 드러나는 모습들을 보면서 책 속에서만 보던 이론과 지식들이 이제야 진정한 나의 지식이 되는 것 같았다. 또한 지금까지는 어린이집에 대해, 보육현장에 대해 막연하게 생각하고 있었다면 보육실습을 통해 어린이집의 실질적인 모습을 볼 수 있었고 연령에 따른 아동에 대한 특성 등을 깊이 배울 수 있었다. 무엇보다도 큰 것은 아동들에게 마음으로 다가가는 법을 배웠고 아동들과 함께하는 것에 대한 두려움을 덜고 자신감을 가질 수 있었다는 것이다.

2. 기관 및 실습내용에 대한 평가

실습 어린이집은 장애아 통합보육을 실시하고 있어서 실습을 하는 동안 나에게 큰 도움이 되었다. 장애아와 통합하여 지도하는 선생님들의 모습을 보면서 많은 것을 배울 수 있었다. 특히 장애아동을 대하는 자세와 마음가짐 그리고 지나치지 않게 도움을 두어야 함에 있어서 많은 것을 배울 수 있었다. 부분수업, 반일제 수업을 준비하면서 많은 서적들을 살펴보고 다양한 활동의 활용에 대해 생각하고 교구제작을 위해 고민하는 과정들이 힘들었지만 나에게 많은 도움이 되었던 것 같다.

3. 실습지도(슈퍼비전과 피드백에 대한 평가)

지도 선생님께서 나의 모습을 생활 태도에서부터 교구준비 과정까지 꼼꼼하게 살펴보아 주시고 항상 더욱 나은 방향으로 충고해 주셨다. 부분수업과 반일제 수업을 준비하면서 미리미리 계획서를 확인해 주시고 꼼꼼히 체크해 주셔서 시행착오를 많이 줄일 수 있었다. 매일매일 그날의 평가를 해주셔서 쉽게 잊게 되는 사소한 부분까지 다시 확인하고 반성할 수 있는 기회를 가질 수 있어서 좋았다. 나의 부족한 모습도, 실수들 까지도 따뜻하게 감싸 주시고 더욱 잘 할 수 있도록 격려해 주신 여러 선생님들이 계셔서 실습기간을 잘 마칠 수 있는 힘이 되었던 것 같다.

4. 실습생으로서의 자신평가

보육실습에 대한 부담감 때문에 실습기간 3일 전부터 사전실습을 했었는데 그것이 매우 큰 도움이 되었던 것 같다. 먼저 나무반의 일과를 빨리 익힐 수 있었고 교사가 어떻게 개입하며, 그때마다 실습교사로서 어떤 도움을 드려야 하는지를 빨리 파악할 수 있었다. 하지만 시간이 지나고 피곤이 쌓여 가면서 처음 마음만큼 열심히 하지 못하고 더욱 부지런히 영아들에게 반응하지 못했던 모습들이 아쉽고 반성하게 된다. 지도 선생님과 처음에 약속했던 계획대로 일정을 맞추기 위해 노력하여 일정을 잘 이 끌어 나갈 수 있었던 것은 지금 생각해도 스스로 대견스럽게 느껴진다. 또한 교구 제작에 있어서 늘 고민하였고 영아들이 흥미 있고 다양한 경험을 할 수 있기를 바라며 열심을 내었던 모습은 스스로 생각해도 대견했고 보람도 느낄 수 있었다.

5. 실습기관에의 제의

실습기간 사전에 좀 더 철저하게 실습생 관리를 해 주었으면 좋겠다. 나는 실습 한 달 전부터 기관을 찾아가고 실습할 반도 배정받았었는데 막상 실습날짜가 되어 찾아갔을 때는 담당하시는 선생님의 착오로 내가 실습해야 한다는 사실을 잊고 계셨다. 사전실습을 가지 않았다면 본 실습도 제대로 할 수 없었을지도 모른다.

6. 실습 예정자에게 당부하고 싶은 내용

먼저, 보육실습 전에 학교에서 실시하는 오리엔테이션에 열심히 참여하라고 말해 주고 싶다. 나에게도 보육실습 오리엔테이션이 큰 도움이 되었던 것 같다. 또한 말해 주고 싶은 것은 하루라도 사전실습을 미리 해보는 것이 본 실습을 할 때에 덜 당황하게 되고 좀 더 빨리 적응 할 수 있다는 것이다. 실습을 하면서 몸도 힘들고 실습교사라는 위치 때문에 마음도 지칠 때가 있는데 나쁜 일이나 마음 상하는 말들을 감정적으로 받아들이지 말고 그 안에서도 자신에게 무언가 도움이 되는 것, 배울 점들이 있음을 항상 되새겨 긍정적인 마음을 잃지 않는다면 한 달의 실습을 마쳤을 때 더 큰 보람과 만족을 느낄 수 있다고 말해 주고 싶다.

서울시 보육실습 지침의 예(2005)

<실습생 교육지침>

■ 접수절차

① 실습생 의뢰 접수: 담당 교수 및 학과의 공문/실습생 신상 조사서 지참

② 원장 오리엔테이션

- 어린이집 소개, 실습생 기본자세 및 역할에 대한 안내

③ 학급당 2명 이하로 배정

④ 학급 담임교사와 면담

- 실습생 준수사항(근무자세, 옷차림, 시간 엄수 등)

■ 실습일정

① 1~2주: 관찰 및 수업 참여
하루일과 관찰, 아동관찰, 교사관찰(각 1회씩 실시)
수업에 필요한 자료 파악 및 자료 준비

② 3주: 활동수업
특정 흥미영역에서 소집단활동 진행(활동계획 작성 실시 사후평가)

③ 4주: 연결수업 및 반일수업
두 활동을 이어서 실시(예: 이야기 나누기+미술활동)
오전 일과(9~12시)에서 주교사 역할

④ 실습 종료: 실습생 평가표, 최종 평가자료, 성적 산출, 사후실습 안내(희망자에 한해)

⑤ 이상의 모든 일정이 진행되는 동안 실습일지는 담당교사가 일 1회 검토한 후, 원장이 최종 확인함

■ 주의사항

① 기관에 대한 좋은 이미지를 가질 수 있도록 유의한다.

② 일과 시작 전 오늘 일어날 활동에 대한 안내를 해 주고 낮잠시간이나 일과 후에 하루의 일과를 평가하도록 한 후에 조언을 준다.

③ 교사가 항상 관찰하고 있음을 유의하며 좋은 교사 역할의 모델이 되도록 한다.

④ 실습생 혼자만 원아들과 있지 않도록 하고 부득이한 경우 이유와 행동지침을 설명해 준다.

⑤ 실습일지의 교사평가는 전문적 용어로 자세히 기술하고 아동의 관찰에 있어서는 특별히 관찰할 거리를 제시해 준다.

⑥ 활동계획안은 반드시 미리 내도록 하고 활동 전에 유의사항에 대해 사전평가를 해 주고 활동 후에 실습생 본인의 평가를 기록하게 한 후에 사후평가를 해 준다.

⑦ 실습생의 활동교구는 다시 이용할 수 있도록 활동카드를 작성해서 함께 내도록 한다.

<활동카드>

활동명		주제	
영역		대상연령	
활동방법			

A 어린이집의 예

<실습생 오리엔테이션 및 지도계획안 안내 >

■ 어린이집 소개
- 어린이집 주소:
- 어린이집 보육시간:
- 교직원 현황:
- 반배치 및 교실 현황:

■ 실습의 중요성

실습이란? 교사양성과정의 한 요소로 예비교사들이 갖추어야 할 지식, 기술, 태도 등을 실제의 교육현장에서 직접·간접적 경험을 통해 배우는 모든 과정을 의미한다. 또한 현장에 대한 생생한 경험 때문에 교사가 되려는 학생들의 교직에 대한 인식과 태도의 형성 및 교사로서 필요한 지식 획득과정에 직접적인 영향을 크게 미치게 되므로 실습에 임하는 태도뿐 아니라 담당교사의 책임도 중요하다.

■ 실습담당자 및 지도교사의 역할

① 실습기간 동안의 전반적인 계획과 실습을 위한 이해

② 일과운영의 이해와 실습생의 역할, 책임감을 규정

③ 실습 여건 조성을 위한 실습생의 이해에 기초(지적, 정서적 상태와 희망, 앞으로의 전망을 파악 · 고려하여 개별화된 실습 프로그램을 준비)

④ 실습생의 참여와 관심을 높일 수 있도록 배려

■ 실습생 준비사항

① 준비서류 및 실습결과물

- 실습생 이력서, 자기소개서 각 1부, 실습후기, 원아 관찰 노트(실습 마치기 하루 전까지 제출하여 주세요.)

② 실습생 복장

- 앞치마를 입으시고 깨끗한 양말(실내화는 신지 않아요.)을 신어 주세요.
- 용모(복장, 머리)는 단정히 하여 주시고 손톱을 깨끗이 깎아 주세요.
- 화려한 장신구 착용을 자제하여 주시고 향수는 뿌리지 말아 주세요.
- 작은 메모종이와 볼펜은 앞치마에 준비하셔서 하루 일과를 짧게 기록해 주세요(실습일지는 집에서 작성하시는 것이며, 밀리지 말고 꼬박꼬박 써 주세요!).

③ 실습생 태도 및 준수사항

- 출근시간(8시 50분)을 꼭 지켜 주시고, 항상 밝은 표정으로 실습에 임해 주세요.
- 실습일지는 밀리지 말고 작성하여 주세요(실습일지는 깨끗하게 보관해 주세요.).
- 실습일정 및 수업계획은 담당교사와 상의하시고, 모르는 것은 항상 질문해 주세요.

■ 실습일정 및 수업계획

- 수업참관, 부분 수업, 연계 수업, all day 수업

① 수업참관은 실습 1주에 이루어집니다.

② 부분수업은 실습 2주(각 1회)에 이루어진다.

③ 연계수업은 실습 3주(각 1회)에 이루어진다.

④ all-day 수업은 실습 4주(각 1회)에 이루어진다.

<실습중간평가>

■ 목적

① 중간평가를 통해 실습생은 2주 동안 이루어졌던 실습 가운데 부족한 부분을 보완하게 되고, 교사는 실습지도에 대한 책임의 중요성을 다시 한 번 느끼게 되는 계기를 마련한다.

② 교사와 실습생 간의 입장을 서로 이해하며 상호 협조함으로써 실습생의 참여와 관심을 높여 실습이 더욱 알차고 체계적으로 이루어질 수 있도록 한다.

■ 시기: 실습 2주째

■ 방법: 실습 전, 실습 중, 실습 후로 나누어 그 기간 동안 이루어졌던 여러 가지 사항에서의 장단점을 실습생과 담임교사의 입장에서 평가해 본다.

■ 참가자:

■ 평가내용

① 실습생

- 실습 전 실습할 어린이집에 대한 정보는 어느 정도 알고 있었나요?
- 현장에 왔을 때 느낌과 마음자세는 어떠했나요?
- 실습하게 될 반편성 시 나의 의견과 교사의 의견 절충 정도는 어떠했나요?
- 실습시작 전 지도교사의 오리엔테이션 과정과 내용은 어떠했나요?
- 지금까지 실습기간 동안의 자기평가는?

② 담임교사

- 실습시작 전 각 반에 대한 오리엔테이션은 잘 이루어졌나요?
- 실습에 임하는 태도와 자세는 어떠한가요?
- 영아에게 적응하는 태도, 마음가짐, 언어사용 등은 어떠한가요?
- 담임교사에 대한 실습생의 자세는 어떠한가요?
- 칭찬하고 싶어요!

③ 원장

- 실습에 임하는 자세 및 태도는 어떠한가요?
- 교실 내에서 이루어지는 실습생 하루일과는 어떠한가요?

■ 남은 실습기간을 위해

- 어떤 부분을 중점적으로 지도받기를 원하나요?
- 남은 기간 동안 실습생 각오는?
- 담임교사 및 어린이집에 바라는 점이 있다면?

B 어린이집의 예

<보육실습생의 준수사항>

■ 실습생 유의사항

- 일과에 대한 정리를 충실히 할 것.
- 시간을 엄수할 것.
- 지도 교사의 지시에 성실하게 따를 것.
- 원장선생님이나 지도교사에게 자기의 의견을 피력하고자 할 때, 때나 장소를 생각해야 한다.
- 모든 일은 지도교사와 상의할 것.
- 어린이집의 원칙에 따라야 하며, 특히 어린이집에서 금지하고 있는 사항을 엄수할 것.
- 근무시간 중에는 외출하지 말 것.
- 어린이집의 교육방침을 이해하고 적극적으로 협력할 것.

■ 실습 시 복장 및 용모에 관하여

- 복장은 항상 활동하기 편한 옷을 입으며, 혐오감을 주지 않는 정도로 입는다.
- 긴 머리카락인 경우는 활동할 수 있도록 단정히 뒤로 묶도록 하며, 머리를 앞으로 숙일 때 머리카락이 자신의 얼굴을 덮지 않도록 한다.
- 가슴이나 등이 너무 파인 옷을 입지 않고 노출이 심하며 화려한 복장은 피한다.
- 화장은 너무 화려하지 않아야 한다.

■ 근무태도에 관하여

- 출근 및 퇴근 시간은 반드시 지키되 지도교사들보다 먼저 출근하고, 허락을 받고 퇴근하도록 하며 출근해서는 창문을 열어 환기를 시키고 마실 물 등을 준비한다.
- 자기가 맡은 반의 아동의 이름을 가능한 한 빨리 외우도록 한다.
- 참관수업이나 기타 활동에 있어 아동들과 발생하는 문제에 있어서는 항상 지도교사와 의논하도록 한다.
- 자신이 열심히 하고 있다는 믿음을 심어 주도록 하며, 잡일이라도 마다하지 않겠다는 태도를 보인다.
- 지도교사 및 타 실습생보다 나이가 많은 보육실습생도 지도교사에게 배타적인 태도를 보이지 않으며, 성실한 태도를 보여야 한다.
- 어린이집에 근무하는 모든 분들께 '선생님' 이란 호칭을 쓰며 실습생 간에도 반드시 '선생님' 이라는 호칭을 써야 한다.
- 부모상담은 반드시 지도교사가 하도록 한다.
- 원내의 필요한 자료는 지도교사를 통하여 대여가 가능하며 빠른 시간 내에 반납한다.

■ 참관수업, 연구수업 및 실습일지를 적는 방법

- 실습시간은 교사로서 많은 것을 배울 수 있는 기회이므로 호주머니에 반드시 메모지와 펜을 준비하여 그때 그때 일어나는 문제나 교육활동의 진행사항을 메모하여, 오후에 실습일지에 적도록 한다.
- 시간에 따라 진행되는 교육활동에 대해 시간별로 활동명을 적고 그에 대한 구체적인 내용을 적으며, 활동에 필요한 준비물 및 참고사항 등을 적어 두도록 하며 필요한 경우 그림이나 사진으로 설명을 덧붙이도록 한다. 또한 교사와 아동의 상호작용도 관심을 가지고 지켜보아 실습일지에 적도록 한다.
- 참관수업의 보육실습생으로서의 참여 범위는 지도교사와 의논하도록 한다.
- 실습일지는 가능한 한 상세하게 적도록 하며 후에 자신이 교사로 일하게 되었을 때 참고자료가 되도록 한다.
- 연구수업과 교구제작 시 계획서를 먼저 제출하여 지도교사의 지도를 받는다.

<실습내용>

기간	내용
1주	• 담임교사 오리엔테이션 • 관찰(일과, 학급, 아동 교사 관찰) • 2주의 실습계획 협의 – 부분수업계획 및 계획안 작성(지도교사 검토) – 수업에 필요한 자료 및 교재, 교구 준비
2주	• 교육활동 참관 및 교사 보조 • 부분수업–흥미영역 또는 대소집단 활동 2회 진행 – 수업평가(지도교사, 실습생) • 교재연구 및 교구자료 제작 • 3주의 실습계획 협의 – 2회의 활동 연결수업 진행 및 교재, 교구 준비
3주	• 교육활동 참관 침 교사 보조 • 연결수업–연결수업 진행 –수업평가(지도교사, 실습생) • 4주의 실습계획 협의 – 반일수업에 대한 계획안 작성(지도교사, 원장 검토) – 수업에 필요한 자료 및 교재, 교구 준비
4주	• 반일수업 지도 및 평가 – 일과 전부터 점심시간까지의 활동을 실습생이 계획, 준비, 실행 – 수업에 대한 평가 및 실습 최종 평가(원장, 지도교사, 실습생) • 실습 종료–출근부, 보육일지, 성적표 등

<보육실습지도 계획서>

■ 실습생:

■ 지도교사:

■ 보육실습 지도 내용:

주	활동주제	실습교사 지도내용	비고
1주	여러 가지 소리	식사지도 교실정리 낮잠지도	

<계속>

2주	여러 가지 맛과 냄새	부분수업 2회 영아관찰	교구제작 및 제출
3주	추워졌어요	부분수업 연계수업 영아관찰	교구제작 환경판 제작
4주	겨울을 준비해요	영아관찰 종일수업	교구제작 보육실습평가회 보육실습 이수증
기타	• 부분수업은 2일 전, 전일수업은 일주일 전에 수업계획서를 제출하여 승인 후 수업한다. • 수업교구, 교제제작은 영아들 취침시간에 제작한다(오후 1 : 30~3 : 30). • 교구계획서는 11월 21일에 모두 미리 제출한다. 제작한 교구는 매주 화요일 오후 6시까지 제출한다. • 전날 실습일지 및 영유아 행동 관찰은 매일 아침 검사받는다. • 일주일 동안의 실습일지는 금요일 오후 6시까지 담당교사에게 제출한다.		

참고문헌

김명순 외(2005). 표준보육과정공청회. 여성가족부.

김연호, 전현미, 한성심(2001). 보육실습의 이해. 파주: 양서원.

김정규, 이광자(1997). 유아교육실습. 서울: 동문사.

보건복지부(2004). 보육사업 안내. 서울: 문영사.

보건복지부(2005). 아동복지사업안내.

보육시설평가인증사무국(2005). 2005 보육시설 평가인증 지침서.

삼성복지재단(2003). 영유아 프로그램. 서울: 다음세대.

서영숙, 김경혜(2003). 영유아보육론. 파주: 양서원.

서울특별시(2005). 방과후 아동보육.

서울특별시(2005). 보육사업안내.

서울특별시(2005). 보육시설의 설치와 운영.

서울특별시(2005). 영아보육프로그램.

서울특별시(2005). 유아보육프로그램.

서울특별시(2005). 영유아의 건강 및 안전 보호.

서울특별시(2005). 장애 영유아프로그램.

안효진(2005). 교육실습 상황에서 실습교사들이 느끼는 갈등과 그 의미에 대한 이해. 한국유아교육학회, 25권, 3호.

양영아(2004). 보육 본질과 보육시설 운영 리더십에 대한 보육시설장의 인식 및 실천. 숙명여대 대학원 박사학위논문.

여성가족부(2005). 보육사업안내.

여성가족부(2005). 영유아보육법.

여성가족부(2005). 영유아보육법 시행규칙.

여성가족부(2005). 영유아보육법 시행령.

유홍옥(2005). 반성적 사고에 기초한 유치원 교육실습과 예비교사의 발달적 변화. **유아교육학 논집**, 9(1), pp. 259-279.

윤기영, 정현숙(1997). **유아교육실습**. 파주: 양서원.

윤혜경(2003). **보육실습**. 서울: 동문사.

이성은(1995). 교사들이 경험하는 갈등에 관한 현상학적 접근. **교육행정학 연구**, 13권, 1호. pp. 183-207.

이은화, 배소연, 조부경(1995). **유아교사론**. 파주: 양서원.

이정환, 박은혜(1995). **교사를 위한 유아관찰 워크북**. 한국어린이육영회.

임재택, 고영인, 김정신(1997). **보육실습**. 파주: 양서원.

전남련(2002). **보육실습의 실제**. 서울: 형설출판사.

조부경, 김정화(2005). **유아교육실습**. 서울: 학지사.

百瀨ユカリ(2004). よくわかる保育所實習. 東京: 創成社.

秋山律子 外(2004). 最新 保育實習まるごとBook. 東京: 小學館.

서울시보육정보센터(http://children.seoul.go.kr/)

여성가족부(http://www.mogef.go.kr/)

중앙보육정보센터(http://www.educare.or.kr/)

찾아보기

갈등 132
갈등 해결하기 132
건강관리 17, 29
관찰 76, 127
관찰기록 79
관찰실습 55, 76

만 1세 하루일과 37
만 2세 하루일과 39
만 3세 하루일과 41
만 4세 하루일과 44
만 5세 하루일과 45

방과 후 보육 50
방과 후 보육의 하루일과 50
방과 후 아동 52
보육 13
보육교사의 등급별 자격기준 15
보육교사의 업무 17
보육교사의 역할 18, 20
보육교사의 자질 24
보육교사의 전문성 24
보육내용 28
보육대상 27
보육시간 27
보육시설 관리와 운영 17
보육시설 종사자 17
보육시설 평가인증지표 99
보육시설의 정류 26
보육실습 13
보육실습 계획 63
보육실습 지도계획 68
보육실습 평가 97
보육실습지도 69
보육평가 18
보호 28
보호자와의 상담 17
부분수업 87

사전교육 66
사전실습 13
사전지도 내용 64
사회관계영역 30
사회관계영역의 연령별 목표와 내용 31
상호작용 127
수업실습 55, 64, 87
시설장의 역할 70
신체 · 운동영역 33
신체 · 운동영역의 연령별 목표와 내용 33
실습 중의 복장 60
실습기간 96
실습기관 선정 64
실습보육교사 61
실습생 56
실습생 교육지침 70
실습생 오리엔테이션 66
실습생의 근무지침 61
실습생의 마음가짐 56
실습생의 일일평가 72
실습생의 자기평가 94
실습일지 125

실습일지 기입방법 126
실습지 배정 65
실습지도교사 71
실습지도교사의 선정 64
실습지도교사의 역할 71
실습지도교수 68
실습평가 97
실습평가 기준 98
실습평가방법 98

안전관리 29
연결수업 89
영아보육 37
영아의 일과 운영 37
영양 28
예비 보육교사 14
예술경험영역 34
예술경험영역의 연령별 목표와 내용 34
위생관리 58
의사소통영역 32
의사소통영역의 연령별 목표와 내용 32

자기평가 98
자연탐구영역 35
자연탐구영역의 연령별 목표와 내용 35
장애 영유아 통합보육 46
장애 유아 48
장애 통합반 하루일과 46
전이활동 114
정규실습 13
정규실습 87
종사가 배치기준 16
종일수업 64, 89
종합평가 98
주의집중 114

참여실습 55, 86
추후 실습평가 104
추후실습 13

표준보육과정 30
표준보육과정의 목표 30
표준보육과정의 영역별 목표 및 내용 30

하루일과 18
현장지도 13

저자 소개

서영숙

서울대학교 및 동 대학원 졸업(가정학 석사)
미국 밴더빌트대학교 대학원 졸업(교육학 석사)
미국 노스캐롤라이나대학교 대학원 졸업(철학박사: 유아교육과정 전공)
現 숙명여자대학교 아동복지학과 교수(아동보육 · 교육 전공 교수)
　숙명여자대학교 부설 숙명유아원 원장
　숙명여자대학교 아동연구소장

최근 저서

보육학개론(공저, 양서원)
방과후아동지도(공저, 양서원)
통합교육을 위한 유아의 장애이해교육(공저, 양서원)
한부모가정과 이혼 이해교육(공저, 양서원)
레지오 에밀리아 접근법(공저, 학지사, 2002년도 문화관광부 우수학술도서상 수상)

천혜정

숙명여자대학교 교육대학원 졸업(유아교육 전공)
숙명여자대학교 대학원 아동복지학과(문학박사)
前 유아교사 10년, 숙명여자대학교, 신구대학 강사
　숭의여자대학 겸임교수
現 숙명여자대학교 평생교육원 아동학 학점은행제 주임교수

저서

통합교육을 위한 유아의 장애이해교육(공저, 양서원)

윤매자

숙명여자대학교 대학원 졸업(아동복지학 전공)
숙명여자대학교 아동복지학과 박사과정
前 송현유치원 원장
　서울시보육정보센터 해외(일본) IP 위원
現 숙명여자대학교, 백석대학교, 나사렛대학교 강사

논문

한 · 일 방과후 초등학생의 여가활용 실태 및 만족도 비교연구
유아교육과 보육의 일원화

보육실습

2006년 8월 10일 1판 1쇄 발행
2013년 8월 30일 1판 6쇄 발행

지은이 • 서영숙 천혜정 윤매자

펴낸이 • 김 진 환

펴낸곳 • (주) 학지사

121-838 서울특별시 마포구 양화로 15길 20 마인드월드빌딩 5층

대표전화 • 02) 330-5114 팩스 • 02) 324-2345

등록번호 • 제313-2006-000265호

홈페이지 • http://www.hakjisa.co.kr
커뮤니티 • http://cafe.naver.com/hakjisa

ISBN 978-89-5891-317-7 93370

정가 **12,000**원

저자와의 협약으로 인지는 생략합니다.
파본은 구입처에서 교환하여 드립니다.